나는 왜 결정적 순간에
포기하는가

현명하게 견디는 사람만이 인생의 사막을 건넌다

나는 왜 결정적 순간에
포기하는가

쑤치 지음 | 허유영 옮김

중앙 books
JoongAng Ilbo

지금 당장이라도
사표를 던지고 싶은 당신에게 필요한 것

회사가 당신의 능력을 몰라줘 답답한가? 일이 뜻대로 풀리지 않아 답답한데 닦달하는 상사 때문에 업무 스트레스가 심한가? 그래서 매일 사표를 쓰고 싶은 마음이 굴뚝같은가?

갓 회사에 입사한 신입사원이나, 경력직 10년 차나 처지가 약간씩 다를 뿐이지 사회생활을 하며 겪는 고민은 다들 비슷하다. 사업을 갓 시작한 사람도 마찬가지다. 열심히 살고는 있는데 원하는 삶은 늘 멀게만 느껴진다.

2보 전진을 위한 1보 후퇴라는 말 들어봤는가. 뻔한 말 같지만 이를 제대로 실천하고 있는 사람은 생각보다 드물다. 이는 자신이 타인보다는 낫다는 교만에서부터 시작된다. 내가 다니기에는 회사가 별로야, 상사가 나보다 못난 것 같아, 사업 파트너를 잘못 골랐어…. 이런 생각이 자신도 모르게 내재되면 매사 주변에 대한 불만이 쌓이게 되고 감정적으로 치우쳐 충동적인 행동을 하게 된다.

과도한 충동심은 냉정한 상황 파악을 방해하고, 나무보다 숲을 보는 안목을 해친다. 그러다 보면 결국 원하는 성과를 얻지 못하거나, 혹은 지레 지쳐서 중도 포기를 하게 되는 것이다.

인생의 결정적 순간을
견딜 수 있는 힘, 인내력

석가모니는 《유교경遺敎經》에서 "참을 수 있는 이가 힘 있는 대인(大人)이다"라고 했다. 자비로운 사람에게는 적이 없고, 참는 자에게는 적수가 없다는 뜻이다. 사람의 인생에서 기본이 되는 것은 바로 인내심이며, 사람과 사람, 사람과 일, 일과 일 사이에 숨겨진 깊은 이치를 아는 사람이 결국 자신의 인생을 원하는 대로 이끌 수 있게 된다는 것이다.

인내심은 중국 고전에 등장하는 구천(句踐), 사마의(司馬懿), 유방(劉邦), 주원장(朱元璋), 옹정(擁正) 같은 제왕과 지도자를 탄생시키기도 하고, 록펠러, 워런 버핏, 이나모리 가즈오, 리자청(李嘉誠) 같은 대부호를 탄생시키기도 했다. 이 힘이 바로 우리가 살면서 마주치는 중대한 순간, 인생에서의 결정적 순간에 경솔하게 행동하거나 포기하지 않도록 하는 힘, 즉 인내력이다.

인내에는 '은(隱)'과 '인(忍)'이 있다. '은'이란 겉으로 드러내지 않고 감추는 것이고, '인'은 참는 것이다. 인내는 고개를 숙이고 굴복하는 것도 아니고, 아무것도 하지 않고 납작 엎드리는 것도 아니며 야심 없이 평범하게 사는 것도 아니다. 인내란 겉으로 드러내지 않고 속으로 감추는 처세법이다. 여기에는 모략, 품격, 야망, 강인함, 진중함 등이 필요하지만 무엇보다 중요한 것은 시간에 단련되는 것이다.

사마의는 스무 살이 갓 넘어 세상에 처음 나온 후 조조를 곁에서 보좌했고, 50년이 넘는 세월 동안 세 명의 군주를 모셨으며, 일흔이 넘어서야 대권을 손에 쥐었다. 그는 탁월한 연기력을 갖추었을 뿐 아니라 보통 사람은 참을 수 없는 것들을 인내했다.

워런 버핏도 인내력이 강한 인물로 손꼽는다. 그가 투자를 할 때 제일 강조하는 것이 기다림의 가치다. 투자업계에서 버핏만큼 주가의 등락을 지켜보며 참고 기다리는 사람이 없다. 그가 이룩한 투자의 신화는 결코 요행이나 우연이 아닌, 인내로 인한 것이라고 해도 과언이 아니다.

나 역시 인내력을 직접 체험한 인물 중 하나다. 나는 중국에서 경제적으로 풍족하지 못했던 유년기와 학생 시절을 보낸 후, 평범하기 그지없는 직장인으로 살다가 새로운 사업을 위해 미국으로 건너왔다. 나의 전공과 경험을 살려 기업 컨설팅 사업을 시작했으며, 수많은 개인과 기업인들과의 컨설팅을 통해 '잠재력 훈련'이라는 프로젝트를 수행했다.

이 프로젝트를 통해 사회인이 자신의 잠재능력을 발휘하지 못하는 근본적인 이유는 성격이나 능력의 결함이 아닌, 바로 인내심의 여부에 있다는 것을 깨달았다. 초반에는 여러 시행착오를 겪어 사업에 고전을 면치 못했으나 '잠재력 훈련'의 성과로 고객은 점점 늘어갔고, 나 역시 이 훈련을 완수하는 과정에서 내가 목표로 한 아메리칸 드림의 70퍼센트는 이루었다고 자부한다.

상황을 피할 수 없다면 즐기라는 말이 있다. 그러기 위해서는 그 상황을 견딜 수 있는 인내심이 필요하다. 나는 이 책에서 그동안 내가 기업 컨설팅을 진행하며 수많은 개인과 기업으로부터 호평을 받았던 '잠재력 훈련'의 구체적인 사례와 방법을 소개했다.

사회 속에서 성장하고 성공하는 과정에서 대부분의 사람들은 괴롭고 억울한 일을 숱하게 겪게 된다. 그럴 때마다 순간의 좌절과 굴욕은 대수롭지 않은 일이며 지금 몸을 낮추는 것은 더 높이 도약하기 위함이라고 자신을 다독여야 한다.

이 책은 '왜 참아야 하는지', '어떻게 참아야 하는지', '어떻게 하면 인내를 통해 성공할 수 있는지'를 알려주고 있으며, 이를 위한 9가지 비책(침묵하는 법, 균형을 잡는 법, 시간을 관리하는 법, 관계를 유지하는 법, 신념을 지키는 법, 안목을 키우는 법, 계획을 세우는 법, 오만을 버리는 법, 실행하는 법)을 소개한다.

인내는 전략적인 처세의 지혜지만, 굽히지 않는 끈기이기도 하다. 아직 때가 무르익지 않았다면 몸을 낮추고 힘을 기르는 데 주력하라. 현재 자신이 처한 상황이나 하고 있는 일이 너무 힘들어 그만두는 상황이 오더라도, 그 상황을 현명하게 견디는 것이 무엇보다 중요하다는 것을 잊지 말라. 당신의 능력을 빛낼 수 있는 결정적 순간은 시간이 걸릴지라도 반드시 온다. 이를 기다리며 우리는 스스로를 꾸준히 갈고 닦을 수 있어야 한다.

　인생이라는 거친 사막을 행군하며 마주치는 수많은 순간에 우리가 할 수 있는 것은 성급히 판단하고 행동해 일을 그르치는 것이 아니라, 그 순간을 현명하게 견디는 것이다.

　제대로 견딜 줄 아는 자가 인생이라는 험난한 사막을 건널 수 있는 주인공이 될 것이다.

쑤치

Contents

Part 6
남들보다 크게 돌아가라
안목

Part 7
최악의 상황에 대비하라
계획

"자비로운 자에게는 적이 없고,
참는 자에게는 적수가 없다."

_석가모니

"인내력은 단순한 마음가짐이 아닌, 성공을 위한 필수적인 능력이다."

침묵 속에서 유일하게 멈추지 않는 것은 '성장'이다. 체력을 단련해야 하는 것처럼 정신도 강하게 단련시켜야 한다. 시작이 미약하다고 걱정하거나 현재 하고 있는 일이 보잘것없다고 근심할 필요는 없다. 남들 눈에 그럴듯하게 보이는 것은 그리 중요하지 않다. 앞으로 어떤 방향으로 발전할 것인지 정확하게 결정하고 강인함과 인내심을 길러야만 인생의 역경을 극복하고 성공할 수 있다.

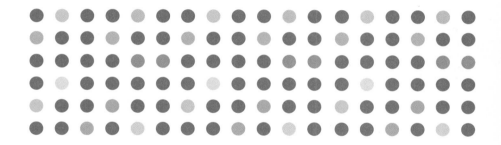

P a r t   1
결정적 순간을 위해
당신은 얼마나 견딜 수 있는가
침묵

강자는 세상에 알려지지 않고
무명으로 지내는 '침묵의 시기'에
자신의 힘을 기른다.

● 현명히 감추고 참는 자가
세상을 지배한다

이 세상은 대개 세 부류의 사람들로 이루어져 있다. 이들이 인간 사회의 기본 구조와 관계를 대부분 결정한다.

첫 번째 부류는 기존 규칙에 따라 운명에 순응하며 사는 사람들이다.

두 번째 부류는 규칙의 파괴자다. 기존 규칙을 지키지 않고 자기가 원하는 대로 살며 스스로 새로운 규칙을 창조하는 사람들이다.

세 번째 부류는 규칙을 정해 타인의 행동을 통제하는 사람들이다. 그들은 모든 상황을 냉정하게 들여다보고 관찰하면서 이에 대처할 수 있는 강한 힘을 기른다.

이 세상 사람들 가운데 80퍼센트는 첫 번째 부류에 속한다. 그들은 일생 동안 규칙을 지키며 평범하고 분주하게 살아간다. 이따금씩 환상을 품고 충동적인 행동을 하기는 하지만 대체로 그들은 규칙에 복종하며 언젠가 세상을 깜짝 놀라게 만들겠다는 야심 따위는 품지 않는다. 두 번째 부류에 속하는 15퍼센트의 사람들은 노력을 통해 기존의 규칙을 거스를 수 있는 능력을 기른다. 그들은 특정 분야에서 자신이 원하는 대로 일을 하고 제법 큰 성과를 거둔다.

마지막으로 아주 극소수의 사람들(대략 5퍼센트)만이 시대를 앞서가며 끊임없이 자신을 변화시켜 환경에 적응하고, 또 환경과 규칙을 바꿀 수 있는 능력을 기른다. 이 세상의 규칙을 정하고 환경을 주도하는 이들이 바로 그들이다.

물론 세 번째 부류에 속하는 사람들은 그리 많지 않다. 그러나 그들이 바로 이 세상의 진정한 강자다. 이들은 한 가지 공통된 힘을 가지고 있다. 사실 모든 사람의 성격 속에 이 강한 힘이 숨겨져 있다. 이 힘이 구천, 사마의, 유방, 주원장, 옹정과 같은 지도자를 탄생시키기도 하고, 록펠러, 워런 버핏과 같은 세계적인 부호를 탄생시키기도 했다. 이 힘이 인생의 결정적인 순간에 최선의 선택을 내리도록 돕는 인내력인 것이다.

앞서 소개한 사마의는 중국 역사에서 대표적인 '인내형' 인물이다.

그는 탁월한 연기력을 갖추었을 뿐 아니라 보통 사람으로는 불가능한 인내심을 발휘했다.

조조가 통치하던 시절 사마의가 풍비(風痺, 사지가 마비되는 병)에 걸렸다. 이 소식을 듣고 진위를 의심한 조조가 한밤중에 사마의의 침실로 자객을 보냈다. 자객이 사마의의 침실로 몰래 들어가 보니 과연 사마의가 침대 위에 꼿꼿하게 누워 있었다. 이상하게 여긴 자객이 칼을 높이 쳐들고 베려는 시늉을 했지만 사마의가 여전히 꼼짝도 하지 않자 자객은 사마의가 정말로 사지가 마비되었다고 믿었다.

사실 사마의의 풍비는 꾀병이었다. 사마의가 풍비에 걸렸다고 거짓말을 한 것은 때가 무르익기를 기다리기 위함이었다. 한번은 사마의와 대립하던 조상(曹爽)이 그가 정말로 풍비에 걸렸는지 알아보기 위해 자신의 심복 이승(李勝)을 사마의에게 보냈다. 이승이 사마의의 방으로 들어가자 사마의가 침대에 기대어 앉아 있었다. 이승을 본 사마의가 일어나 예를 갖추려고 했지만 몸을 일으키지 못했고 옆에 있던 시녀의 부축을 받고서야 겨우 일어났다. 잠시 후 시녀가 죽을 가지고 들어왔다. 시녀가 죽그릇을 사마의의 앞으로 받쳐 들고 죽을 먹였는데 죽이 입에 들어가지 못하고 줄줄 흘러 앞섶을 흠뻑 적셨다. 거의 죽은 것이나 다름없는 몰골이었다.

이승이 사마의에게 말했다.

"제가 이번에 고향 본주(本州)로 가게 되었습니다. 나라의 대들보이신 태부께서 이토록 중병이 드신 것을 보니 슬프기 그지없습니다."

그러자 사마의가 말했다.

"병주(幷州)는 흉노와 가까이 있으니 조심하시오."

횡설수설하는 사마의를 보고 이승의 눈에 눈물이 핑 돌았다. 이승이 돌아가 조상에게 사마의가 폐인과 다름없으니 안심해도 되겠다고 보고했다. 그로부터 얼마 후 황제 조방(曹芳)이 선친의 무덤에 성묘를 하러 떠났다. 조방의 행렬이 떠나자마자 낙양(洛陽)에서 사마의가 행동을 개시했다. '병사' 직전이라던 사마의가 흰 수염을 휘날리며 말을 타고 등장했다. 풍비 환자였다고는 믿을 수 없는 늠름한 모습이었다. 황궁으로 밀고 들어간 사마의는 곽 태후를 위협해 조상 형제가 나라를 위협하려는 음모를 꾸미고 있으니 그들을 즉시 파면하라는 조서를 내리게 했다. 사마의의 꾀병과 체면도 버린 굴욕적인 행동은 모두 결정적인 순간을 위해 치밀히 준비한 일련의 과정이었던 것이다. 강인함에서 나온 것이다. 이미 제갈공명을 죽음으로 몰아넣은 바 있는 사마의는 결정적인 순간에 기회를 놓치지 않고 행동해 위(魏)나라의 대권을 손에 넣을 수 있었다.

옛말에 작은 것을 참지 못하면 큰일을 그르칠 수 있다고 했다. 과거 중국에서는 관직에 오르든 장사를 하든 인내하지 않으면 성공할 수 없다고 강조했다.

노자의 처세철학에도 '거선지(居善地)', '심선연(心善淵)', '동선시(動善時)'라는 말이 등장한다. '거선지'란 때와 장소에 따라 자신에게 가장 적합한 자리를 잘 선택해야 한다는 뜻이고, '심선연'이란 속마음을 남에게 드러내지 말고 깊이 감추어야 한다는 뜻이며, '동선시'란 행동해야 할 때를 잘 선택해야 한다는 뜻이다.

요컨대 인내란 겉으로 드러내지 않고 속으로 감추는 처세법이다. 그리고 무엇보다 중요한 것은 '침묵의 시간'에 단련되어야 한다는 것이다.

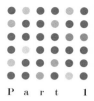

● '침묵의 시간'에
단련돼라

성공하여 사회에 널리 이름을 떨친 사람들에게는 대부분 '인생의 암흑기'라고 하는 시간이 존재한다. 미국의 세계적인 부호 록펠러도 사회에서 처음에 한 일은 월급 17달러의 회계사무실 경리보조에 불과했다.

수많은 사람들이 자신의 경력에 오점을 남길 수 있는 별 볼일 없는 일을 업신여기고 쉽게 외면한다. 이는 어쩌면 당연한 일일지도 모른다. 누구나 사회에 첫발을 내딛는 순간부터 남들에게 주목받고 싶고, 인정받고 싶은 심리가 있기 때문이다.

그러나 대부분의 사람들이 미처 깨닫지 못하는 중요한 사실이 한 가지 있다. 진정한 강자는 세상에 알려지지 않고 무명으로 지내는 '침묵의 시기'에 자신의 힘을 기른다는 것이다.

침묵의 시기에 침묵만큼 중요한 것은 '관찰'이다. 냉정하고 이성적인 상태에서 자신의 약점이 무엇인지 객관적으로 들여다볼 수 있어야 한다. 그런 후에 비로소 자신이 할 수 있는 에너지를 모으고 능력을 길러 이 세상을 지배할 수 있는 여러 가지 수단을 손에 넣어야 한다.

침묵의 시기를 거치는 동안 가장 중요한 것은 급하게 명예와 이익, 성공을 추구하지 말고 자신이 속한 세상을 연구하고, 사람들이 어떻게 사고하는지를 면밀히 관찰해야 한다는 점이다. 이것이 바로 강자가 반드시 갖추어야 하는 기본 자질이다.

나는 그리 넉넉지 않은 집에서 태어나 자랐다. 나의 가족은 얼마 되지 않는 수입으로 굶지만 않을 정도로 근근이 생계를 유지했다. 그래서 나는 어릴 적부터 최대한 노력하여 내 운명을 스스로 개척해야겠다는 생각을 가지고 자라났다. 비록 앞날은 알 수 없지만 내가 할 수 있는 모든 것을 해보기로 결심했다.

'내 인생은 이제 끝났어!'

스무 살 무렵에는 속으로 이렇게 한탄한 적도 있다. 나의 노력과는 별개로 늘 앞날이 암담하고 힘들었기 때문이다. 시간이 흐르고 나이가 들어 일을 시작했지만 친구들은 모두 나보다 훨씬 넉넉한 생활을 하고 있었다. 그들의 인생은 아주 순탄하고 행복하게 보였다. 당시 나는 친구들에 비해 훨씬 적은 월급을 받고 있었고, 이런 상황은 수년간 계속되었다. 좌절과 박탈감이 이어졌지만 나를 버티게 한 것은, 나에게 아직 기회가 오지 않았다는 믿음이었다. 그 때부터 부정적인 마음을 접고, 일단 내게 주어진 고통을 기꺼이 감내해 보기로 마음먹었다.

그 후 중국에서 미국으로 넘어오면서 내 사업을 시작하기 위해 수많은 우여곡절을 맞이했지만, 지금껏 버틸 수 있었던 것은 바로 침묵의 시간을 현명하게 버틸 수 있었기 때문이다. 사업이 잘 풀리지 않는다고 성급히 낙담하거나 좌절하지 않고 동료들과 묵묵히 버티며 때를 기다리며 노력했다.

자신의 운명을 받아들이지 못하고 급하게 상황을 바꾸려다가 더 난처한 상황에 빠지는 사람들이 생각보다 많다. 그러나 우리에게 주어진 침묵의 시간을 답답해하지 말고, 이를 현명하게 이용할 줄도 알아야 한다. 침묵 속에서도 유일하게 멈추지 않는 것은 '성장'이기 때문이다.

아름다운 몸을 만들기 위해 운동을 하는 것처럼 정신에도 운동이 필요하다. 시작이 미약하고 초라해도 이는 큰 문제가 되지 않는다. 지금껏 남들 눈에 그럴듯하게 보이기 위해 살고 있다면 지금 당신이 자기 자신을 위해 살고 있는지, 실제로 당신에게 큰 관심도 없는 사람들을 신경 쓰며 시간을 낭비하고 있는지를 생각해봐야 한다. 남의 시선은 순간이다. 스스로 자신의 인생 방향을 결정하고, 인생에서의 중대한 순간을 위해 쉽게 포기하거나 낙담하지 말고 침묵의 시간을 견디는 것이 무엇보다 중요하다.

외부에 흔들리지 않고 침묵의 시기를 가지며 실력을 기르는 동안에는 남들 눈에 작고 약한 거북이처럼 보여 멸시와 조롱을 당할 수도 있다. 하지만 인내력이 강한 사람들은 남들의 조롱이나 비난, 유혹 따위에 무덤덤하고 일시적인 득실에 연연하지 않는다. 그들은 오랫동안 단단한 껍데기 안에 자신을 감추고 기회가 오기를 기다린다. 아무리 큰 유혹이 찾아와도 진정으로 기회가 온 것이 아니면 머리를 내밀지 않는다.

그들은 오랫동안 관망하며 자신을 갈고 닦아 성숙해진 후에는 기회가 찾아오면 놓치지 않고 과감하게 껍데기를 뚫고 나와 세상을 놀라게 한다. 그 과정이 괴롭고 지루하게 느껴지지만 사실 이것은 내공을 쌓기 위해 반드시 필요한 잠복기이며, 이 잠복기를 현명하게 버틴 자들을 나는 '위대한 잠복자'라 부른다.

중국 역사에서 가장 유명한 '잠복자'가 바로 월왕 구천이다. 그는 멸망한 제후국의 군주로 국가 패망의 원한을 갚기 위해 온갖 수모를 참고 견뎠을 뿐 아니라 한시도 나태해지지 않기 위해 와신상담(臥薪嘗膽)했다. 복수의 기회가 오기를 기다리는 동안 그는 오왕을 직접 시중드는 굴욕까지 모두 인내하고, 미녀 서시를 오왕에게 바치기도 했다. 구천이 오나라 도읍에 인질로 잡혀오자 오왕 부차는 그에게 모욕을 주기 위해 한 나라의 군주였던 그를 석실에 감금했을 뿐 아니라 자기 아버지 합려(闔閭)의 묘지기로 삼아 무덤 옆에 살면서 말을 키우도록 했다.

부차는 또 말을 타고 출타할 때마다 일부러 구천을 시켜 말을 끌게 하여 온 나라 사람들이 그 모습을 보게 했다. 한 나라의 군주였던 이가 이런 모욕을 당하면 아마 열에 아홉은 스스로 목숨을 끊을 것이다. 하지만 구천은 달랐다. 그는 공손한 거북이처럼 한마디 불평도 원망도 하지 않았다. 그는 비천한 신하를 자처하며 모든 예를 갖추어 오왕을 대하고, 거친 밥을 먹고 마구간에서 자면서 험한 일을 묵묵히 견뎌냈다.

심지어 부차가 병이 났을 때는 병세를 알아보기 위해 그의 변을 찍어 맛을 보면서도 구천은 싫은 내색 한 번 하지 않았다. 구천은 평범한 사람은 상상도 할 수 없는 강한 인내력으로 자신의 모든 욕망을 억누르며 부차에게 굴종했고, 마침내 부차도 그를 완전히 자신의 심복으로 인정했다.

구천의 정성에 감동한 부차는 대신들의 만류를 뿌리치고 구천 부부를 고국으로 돌려보내기로 했다. 오나라에서 벗어나는 것은 구천의 가장 큰 목표였으며, 그동안 지독한 고초를 모두 감내함으로써 얻어낸 첫 번째 수확이었다. 월나라로 돌아온 구천은 복수를 맹세했다. 그런데 또 한 가지 문제가 있었다. 월나라의 실력이 너무 약해 오나라의 적수가 될 수 없었던 것이다. 구천은 자신이 편안한 생활에 젖어 나태해질 것을 염려해 일부러 섶 위에 누워서 자고 식탁 위에 곰쓸개를 매달아놓고 매일 밥을 먹기 전에 쓰디쓴 쓸개를 핥아 망국의 치욕을 다시금 되새겼다.

몇 년 후 월나라의 힘이 강해지고 마침내 기회가 찾아오자 구천은 대군을 일으켜 오나라를 멸망시키고 군주의 자리에 올랐다.

기나긴 잠복기를 보내는 동안 구천은 강한 인내력과 탁월한 모략 능력을 발휘했다. 그의 인내는 단순히 굴욕을 견디는 데서만 발휘된 것이 아니었다. 극도의 어려움이 닥쳤을 때 냉정하게 기회를 기다리고 의지력을 기르며 형세를 분석하는 것 역시 인내력 없이는 불가능했다. 그는 월나라의 국력이 약해 선불리 나섰다가는 더 큰 위험에 빠질 것임을 알았다. 결정적인 순간을 기다리며 그는 몸을 낮추고 바닥에 엎드려 칼을 갈았던 것이다.

이것은 잠복자가 해야 하는 가장 중요한 일이자 반드시 거쳐야 하는 과정이다. 이 기간 동안 자기 내면에 집중해 미래를 위한 잠재력을 비축해야 한다.

현실에서의 '약자'는 이 과정을 거쳐야만 강자에게 도전할 자격을 갖추게 된다. 그렇지 않으면 승산은 없다.

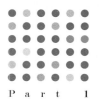

● 잠복기에
가장 중요한 것

    기회를 기다리며 내공을 쌓는 잠복기에 가장 중요한 것은 무엇일까? 첫째, 잠복기라고 해서 바짝 몸을 낮추고 엎드리고 있어서만은 안 된다는 것을 깨달아야 한다. 잠복기는 경력과 능력, 식견을 기르면서 자신을 성장시켜야 하는 기간이다.

    둘째, 실력을 기르고 경험을 쌓는 데 집중하며, 두려움과 위험 또한 알아야 한다. 이 시기에는 어두운 밤 숲 속을 지나는 것처럼 앞이 불투명하고 주변에 수많은 위험이 도사리고 있기 때문이다.

    용감하다고 자만하는 사람들은 두려움 없이 앞으로 돌진한다. 그들은 자신이 모든 어려움과 싸워 이기고 돌파구를 뚫을 수 있을 것이라고 착각한다. 몇 걸음도 가지 못해 야수에게 잡아먹히거나, 사냥꾼의 총에 맞아 즉사하거나, 함정에 빠질 수 있다는 사실은 전혀 모르고 있다. 이런 상황에서는 바닥에 엎드려 체력을 유지하며 주변 환경을 분석한 후 다음 단계의 계획을 세워야 한다.

버핏은 전형적인 잠복자이자 금융업계 최후의 정복자다. 그의 인내는 구천과는 달랐다. 그는 유복한 집안에서 태어나 근심 없는 성장기를 보냈다. 그는 자신 앞에 놓여 있는 수많은 기회 가운데 아무것이나 골라 마음껏 능력을 펼칠 수 있었다. 하지만 그는 장기적인 목표를 세우고 실력을 기르는 데 집중했다.

그는 인내할 필요가 없는 상황에서도 자신의 상황을 냉정하게 판단하고 강한 의지력과 실력을 기르기 위해 노력했다. 그것이 훗날 더 큰 수확을 가져다 줄 것임을 알고 있었기 때문이다. 그의 이런 인내력은 주식 투자에서도 그대로 드러난다. 그는 일단 주식을 사고 나면 쉽게 팔지 않고 차분하게 기다리며 가격 변동 상황을 예의 주시한다. 수시로 찾아오는 단기 이익의 유혹 앞에서도 그는 냉철한 이성을 유지하기로 유명하다.

보통 회사 설립 초기에는 어려움이 많다. 우리 회사 역시 마찬가지였다. 중국인이 미국에서 회사를 설립한 것인데다 자본금이 적어 재정적으로도 어려웠다. 자본도 없이 강자와 경쟁하면 실패는 불 보듯 뻔하다. 대기업과 경쟁해 프로젝트를 따내기 위해 수많은 시간과 정력, 비용을 쏟아부었지만 노력은 번번이 수포로 돌아갔다.

간혹 높은 수익을 낼 것처럼 보이는 사업들도 있었다. 한 번은 소니의 가전 광고 계약을 따내기 위해 유명한 광고대행사 오길비앤매더(Ogilvy&Mather)와 경쟁했다. 4개월 가까이 협상과 로비를 진행하는 동안 18만 달러나 투자했지만, 결국 아무것도 얻지 못한 채 경쟁 상대가 계약을 따내는 것을 지켜보아야 했다.

나는 위급한 상황을 설명하기 위해 주주총회를 열었다.

내가 주주들을 향해 말했다.

"프로젝트를 빨리 포기하는 것이 현명한 결정일 수도 있습니다."

라이트가 어깨를 으쓱이며 말했다.

"돈 때문에 포기하는 거라면 걱정하지 않아도 돼. 자금은 더 조달하면 되니까."

웰스도 거들었다.

"현재 회사의 자금 사정이면 충분히 버틸 수 있어. 왜 해보지도 않고 패배를 인정하려는 거야?"

"패배를 인정하려는 게 아니야. 현 단계에서 우리 회사에 가장 적합한 목표를 세우고 그 목표에 집중해야 해. 우리 목표는 수십 년, 아니 100년도 넘는 역사를 가진 대기업과 싸워서 이기는 게 아니야. 아직은 차근차근 경쟁력을 기르는 게 현명해. 지금은 실력을 쌓고 인재를 길러야 해. 시작 단계에 강적을 만나 큰 손실을 입으면 앞으로는 그들과 경쟁할 기회조차 얻지 못할 수도 있어."

회의는 5시간 동안 이어졌다. 나와 동업자 두 사람은 10여 명의 소액 주주들과 열띤 논쟁을 벌이며 대책을 모색했고 마침내 공감대를 형성했다. 훗날 우리는 이것을 '성장공약'이라고 불렀다. 다음 우리의 성장공약을 소개한다.

1. 이익을 추구하기 전에 먼저 리스크를 계산한다.

2. 자금을 늘리는 것이 최대 과제다. 특히 우리 회사는 자금 확보가 그 어떤 것보다 중요하다.
3. 성실함과 신중함이 우리의 신념이다. 이것은 100억 달러짜리 계약을 따내는 것보다 1만 배는 더 중요하다.

창업 초기 2년 동안 우리는 모두 이 공약을 엄격히 준수했다. 수익률이 높지 않아도 리스크가 가장 작은 사업에 집중했으며, 모든 프로젝트에서 손실을 보지 않도록 노력했다. 한동안은 수익률 목표를 6퍼센트로 낮추어 잡기도 했다. 이는 광고회사에서 용납하기 힘들 만큼 낮은 수익률이었다.

하지만 이 기간 동안 성과도 있었다. 무엇보다 단 1달러의 손실도 보지 않은 것이 가장 큰 성과였다. 우리는 작은 수익을 눈덩이 굴리듯 차근차근 쌓아 마침내 어느 정도 자본을 모을 수 있었다.

● '감춤'과
'인내'의 예술

초원에서 늑대가 사냥하는 것을 관찰해 보면 당신은 아마 늑대의 대단한 인내심에 감탄할 것이다. 당신은 늑대를 관찰하는 동안 몇 번이나 지쳐 잠이 들겠지만 늑대는 조금의 흐트러짐도 없이 먹잇감을 주시할 것이다. 먹잇감을 손에 넣을 때까지 늑대는 자신의 모습을 숨긴 채 지칠 줄 모르고 그 뒤를 따른다. 늑대가 자신의 모습을 숨기는 것은 먹잇감을 향해 전력 질주할 최고의 기회를 기다리기 위함이다.

늑대의 이런 습성은 사람도 본받을 만하다. 얼마나 강한 능력을 가지고 있든, 인내심을 발휘해 자기 능력을 감추고 최고의 기회가 올 때까지 기다리지 못한다면 쉽게 위험에 빠지고 적의 공격을 받을 수 있다.

유방을 보좌해 한나라를 세운 한신(韓信)은 중국 역사에서 천재적인 무장으로 꼽힌다. 그러나 젊은 시절 그는 보잘것없는 신세였다. 재능은 있었지만 가난하고 출신이 미천했으며 알아주는 이가 하나도 없었다. 한 번은 저잣거리에서 만난 건달이 그에게 창피를 주려고 그를 향해 버럭 외쳤다.

"이놈아, 너는 기골이 장대하고 칼을 차고 다니는 걸 좋아하지만 겁쟁이에 불과하구나. 내 말이 틀렸다면 어디 그 칼로 날 찔러보시지! 못하겠다면 내 가랑이 밑을 기어가라!"

그때 아마 한신의 마음속에서는 격렬한 싸움이 벌어졌을 것이다. 그의 칼솜씨면 건달 하나 죽이는 것쯤은 아무것도 아니었다. 그런데 죽이고 나서는 어떻게 할 것인가? 신분이 미천하므로 틀림없이 체포되어 사형을 당했을 것이다. 그때 한신이 일시적인 충동을 억누르지 못하고 그 건달을 칼로 베었더라면 그는 십면매복(十面埋伏, 한신이 구리산에서 항우의 군대를 10면에서 매복하여 포위한 일 – 옮긴이)으로 항우를 패배시킨 회음후(淮陰侯)로 역사에 기록되지 못했을 것이다.

한신의 선택은 그 순간을 참아내는 것이었다. 그는 저항하지 않고 건달의 가랑이 사이를 기어 지나가더니 비굴한 웃음을 지으며 상대에게 용서를 구했다.

주변에 몰려들어 있던 구경꾼들 사이에서 조롱이 터져 나오고 건달은 의기양양하게 떠나버렸다. 미래를 위한 큰 포부를 가진 한신은 비정한 현실 앞에서 자신의 능력을 감춘 채 묵묵히 참는 편을 선택했다. 그런 상황에서 화를 참지 못하면 기껏해야 필부의 용기를 보여주는 것으로 자기 인생이 끝날 것임을 알고 있었기 때문이다.

큰일을 이루려는 사람은 확실한 기회가 찾아오지 않았다면 자기 능력을 감추고 스스로 몸을 낮출 줄 알아야 한다.

학교를 갓 졸업한 사회 초년생들은 좋은 직장을 구하지 못했을 때 모든 고용주는 피도 눈물도 없는 냉혈한이며 세상이 경쟁자로 가득하다고 생각하곤 한다. 그들은 자기 자신을 돌아볼 줄 모른다. 자신에게 가장 부족한 것이 바로 한신의 인내력과 현실 앞에서 갖추어야 하는 신중함과 냉정함이라는 것을 말이다.

어떤 이들은 상사로부터 몇 마디 질책을 당하면 끊임없이 불만을 털어놓고, 동료가 승진할 때 자신이 탈락하면 하늘을 원망한다. 작은 불만이 있어도 사직서를 내던지고 회사를 박차고 나오는 사람들도 있다.

그런 이들이 큰 인물이 될 수 있을까? 나는 세상에 그런 일은 절대 없다고 본다.

진정한 강자는 자기 능력을 감출 줄 안다. 그들은 날카로운 송곳을 비단으로 감싼 듯 외유내강하다가 사회에 첫발을 내디뎌 환경에 충분히 익숙해지기 전에는 능력을 감추고 흐르는 물처럼 유연하게 처세한다. 물이 아무리 작은 틈이라도 파고 들어가 통과할 수 있는 것은 유연하고 부드러워서 형태를 시시각각 바꿀 수 있기 때문이다. 반대로 돌멩이는 강하고 모서리가 있기 때문에 물처럼 흐르지 못하고 그 자리에 머물러 있다.

흐르는 물과 같은 처세의 기술을 갖추어야만 남에게 공격당하지 않을 수 있다. 설령 누군가 당신을 공격해 당신이 손에 있는 이익을 빼앗아 가려고 해도 당신이 물처럼 유연하다면 딱히 공격할 수 있는 급소가 없기 때문에 효과를 거둘 수 없다. 당신 자신이 충분한 실력을 길렀다고 판단될 때 기회를 포착해 상대를 가볍게 공격하기만 하면 곧 경쟁 상대에게 치명상을 입힐 수 있을 것이다.

이런 처세법을 알아야 직장에서도 살아남아 성공할 수 있다. 현재 당신이 경쟁자들로 인해 겹겹이 포위되어 있다면 어떻게 하면 두각을 나타낼 수 있을지 고민하는 대신 고개를 숙이고 최대한 자신의 힘을 감추어야 한다.

많은 사람들이 스스로 출중한 능력을 갖추었다고 자부하며 하루빨리 인정받으려고 애를 쓰지만 결국 자기보다 못하다고 생각했던 동료가 승진하고 높은 연봉을 받는 것을 지켜보게 된다. 그들은 속으로 이렇게 생각할 것이다.

'저 멍청이가 어떻게 승진했지? 능력이 내 절반도 안 되잖아! 나도 빨리 성과를 내서 사장에게 내 능력을 보여주어야겠어!'

마음속 분노와 불만을 억누르지 못해 사표를 던지고 회사를 떠나는 사람들도 있다. 어쩌면 회사를 떠나면서 사장에게 불만을 다쏟아낼 수도 있다. 그리고 사장실에서 나와 승진한 동료에게 다가가 큰소리로 이렇게 말할 것이다.

"봤지? 이 회사는 정말 따분하고 재미없는 곳이야. 나는 툭툭 털고 나갈 테니 당신들은 계속 여기서 허우적거리시지!"

그런데 한때의 쾌감이 사라지고 난 후에는 어떻게 될까? 곧 새롭게 시작된 불확실한 상황으로 인해 초조하고 불안해질 것이다. 차라리 처음부터 충동을 억누르고 차분히 기회를 기다리는 것이 낫지 않았을까?

한순간을 참지 못하면 평생 참아야 한다는 말이 있다. 위대한 성공은 오랫동안 인내한 후 절호의 기회가 찾아왔을 때 과감하게 행동함으로써 얻어진다. 명나라 때 명재상 서계(徐階)도 권신 엄숭(嚴嵩)의 전횡을 묵묵히 인내했지만 기회가 찾아오자 거침없이 반격해 엄숭을 실각시켰다. 엄숭은 실각당하면서도 서계를 향해 "20년 동안 내 손으로 몰락시킨 이가 수없이 많다. 그대는 날 무너뜨릴 때까지 내 밑에서 참아 내다니 참으로 대단하구나"라며 감탄했다.

경영자는 수많은 요인을 고려한 후 인사를 단행한다. 어떤 직원에게 더 많은 연봉을 준다면 반드시 그럴 만한 이유가 있다. 이건 아주 당연한 이치다. 그런데 때로는 충분한 능력과 자질을 갖추지 못했음에도 승진하는 이들이 있다. 경영자의 입장에서 모종의 필요성이 있다고 판단했을 것이다. 그런 경우 승진에서 탈락한 다른 직원들은 자연히 불만을 갖게 된다.

그런데 당신이 정말로 출중한 능력을 발휘해 탁월한 성과를 거둔다면 경영자가 당신을 바라보는 눈이 달라질 것이다. 유능한 직원을 홀대하는 경영자는 없다. 경영자가 직원들에게 월급을 주는 것은 그 월급만큼의 또는 그 월급 이상의 성과를 거두어주기를 바라기 때문이다. 이것 또한 지극히 당연한 이치다. 그런데도 경영자가 자신을 채용한 것이 자신을 중요하게 쓰기 위함이 아니라 '괴롭히기' 위함이라고 생각하고 일시적인 굴욕을 참지 못하는 사람들이 적지 않다. 그들은 자신이 마치 궁중암투의 주인공이 된 양 착각하기도 한다.

특히 젊은 창업자나 직장인들 사이에서도 이런 경우를 흔히 볼 수 있다. 그들은 사회와 세상을 바라보는 통찰력이 부족하고, 언제 인내해야 하고 언제 재능을 펼쳐야 하는지 정확하게 판단하지 못한다. 자기 실력을 길러 일에서 성과를 내야만 그에 상응하는 대가를 얻을 수 있다. 그 전까지는 아무리 불평하고 분개하고 심지어 사표를 내고 이직을 해도 아무 소용이 없다. 불완전한 시기에는 인내심과 의지력을 발휘해 조용히 참고 견디며 자기 실력을 기르는 데 집중하는 것이 현명하다.

명나라 때의 관리 해서(海瑞)는 청렴결백하고 우국충정이 투철한 인물이었지만 불의와 잘못을 보면 직언과 비난을 서슴지 않아 번번이 문제를 일으켰다. 문제가 계속되자 아무도 그에게 동조해주지 않았고 그는 능력을 펼칠 기회를 잃어버렸다.

자기 재능을 발휘하는 것은 좋은 일이지만 상황을 정확하게 판단할 줄 아는 지혜도 필요하다. 어떤 상황에서는 능력을 감추는 것이 자신에게 더 유리하다. 또 가끔은 자기 생각이 틀렸을 수도 있으므로 타인의 의견에 귀를 기울이고 존중해야 한다. 주변 사람들과 융화를 이루어야만 상황을 바꿀 수 있다. 때와 장소를 가리지 않고 항상 자기 능력을 아낌없이 드러낸다면 남의 미움을 사기 쉽다. 불필요하게 남의 시기와 미움을 사면 자기 앞날에 장애물을 만들어 스스로 목표 달성을 어렵게 하는 것과 같다.

늑대는 먹잇감을 사냥하기 위해 먹이를 잡는 결정적인 순간까지 최선을 다해 자신을 숨긴다. 짐승인 늑대도 하는 일을 당신은 왜 못하는가? 일시적인 굴욕을 견뎌내지 못하면 결코 영광을 얻을 수 없다. 성공한 이들 중에는 최종 목표를 달성하기 위해 오랜 세월 동안 자기 재능을 감추고 잠복했던 사람들이 적지 않다. 그들은 성공한 후에야 비로소 찬란한 빛을 발하듯 자기 재능을 마음껏 발휘했다.

이상을 실현하기 위한 길 위에 바위와 도랑이 얼마나 있든 굳은 신념과 의지를 잃지 않아야 한다. 이것이 진정한 강자들의 공통점이다.

잠깐의 박수갈채를 받기 위해 참지 못하고 자기 재능을 뽐내면 도중에 말에서 떨어지기 쉽다. 남의 평가에 일희일비하고 목표가 흔들리는 것은 아직 덜 성숙했기 때문이다. 진정한 승자는 '화를 참고 인내하는 법'을 알고 있다. 머리를 거북 껍데기 안에 감추고 전방을 조심스럽게 살피고 행동해야만 최종 성공에 도달할 수 있다.

필요하다면 아랫사람을 앞에 내세워 성과를 거둘 수 있도록 돕고 자신은 뒤에 숨어도 좋다. 이것이 바로 타인의 마음을 얻을 수 있는 고도의 전략이다.

부하 직원들은 늘 상사 앞에서 인정받고 자기 능력을 발휘할 기회를 얻고 싶어 한다. 상사가 먼저 부하 직원에게 기회를 주고 재능을 발휘하도록 격려하면 직원은 성과를 내기 위해 더 열심히 일하게 된다. 적당히 뒤로 물러서서 부하 직원이 능력을 발휘할 수 있게 한다면 도량이 넓은 상사라는 평가를 얻을 것이다.

또 개인의 노력으로 얻어낸 성과라 해도 혼자 독차지하는 것은 금물이다. 성과를 내는 것은 물론 좋은 일이다. 업무 능력이 뛰어나다는 뜻이기 때문이다. 그러나 그 성과를 독식하지 않고 단체와 함께 공유하는 편이 자신에게도 더 이롭다.

현명한 관리자는 이익을 독점해서는 안 된다는 사실을 잘 알고 있다. 그들은 훌륭한 성과를 내고도 "모두 함께 노력한 결과입니다. 여러분께 감사합니다"라고 말한다. "내가 없으면 이 회사가 돌아가지 않아"라고 말한다면 자기 능력을 더 부각시킬 수는 있겠지만, 보통 이렇게 말하는 이들은 조직에서 그리 아름답지 못한 결말을 맞이하는 경우가 많다.

● 아직 기회가 오지 않았다면
몸을 낮추라

"기회가 오지 않았다면 인내하는 게 상책이야."

내가 방향을 잃고 방황하고 있을 때 웰스가 내게 메일을 보내 이렇게 충고했다. 그는 업무와 관련된 이야기나 구체적인 추진 방향 등에 대해서는 전혀 언급하지 않은 채 일단은 마음을 차분하게 가라앉히라고 조언했다.

위대한 인물들에게는 공통점이 있다. 바로 인내심이 강하다는 것이다. 절호의 기회를 놓쳤을지라도 그들은 탄식하고 좌절하지 않는다. 기회를 놓쳤다고 영영 실패하는 것은 아니기 때문이다. 단지 이번 기회를 얻지 못한 것뿐이다.

강자는 기회가 오기 전에는 조용히 힘을 비축하며 기다린다. 경쟁 상대도 그의 존재를 잊을 만큼 철저히 몸을 낮춘다. 그리고, 차분하게 다음 기회를 기다리고 있다가 기회가 오면 단단히 붙잡는다.

F1 그랑프리 경주의 명문 팀 맥라렌 소속 카레이서였던 미카 하키넨(Mika Hakkinen)은 1998년과 1999년 F1 그랑프리 대회 세계 챔피언이다. 그가 동료 키미 라이코넨(Kimi Raikkonen)에게 이렇게 조언했다.

"먼저 실패했다는 생각에서 빠져나와. 그 다음에 똑같은 상황을 피할 수 있는 방법을 생각해 봐."

라이코넨은 2003년에 그랑프리 우승 트로피를 거의 잡을 뻔했다가 미하엘 슈마허(Michael Schumacher)에게 역전당했으며, 2005년에 또 우승을 놓치는 비극을 겪었다. 이번에는 레이싱카의 성능에 문제가 있었다.

"어떻게 하면 좋을까?"

라이코넨은 곤혹스러웠다. 승리에 대한 열망이 높으면 높을수록 승리의 여신은 그의 곁에서 점점 더 멀어지는 것 같았다. 그의 노력은 매번 물거품이 되고, 그는 자신감에 상처를 입었다.

하키넨이 그에게 말했다.

"갑작스럽게 슬럼프가 찾아오면 브리지게임을 할 때처럼 득실을 잘 따져서 힘든 선택을 해야 해. 우선 우승에만 집중하지 말고 마음을 안정시키고, 정신을 집중시켜. 동료들에게 도움을 청해도 좋아. 냉정을 되찾고 정신을 집중시키면 기회가 다시 찾아올 거야."

하키넨이 말한 냉정함은 성공을 꿈꾸는 사람이라면 반드시 가져야 할 요건이다. 마음이 항상 들떠서 어수선하거나 불평과 원망으로 가득 찬 사람은 원하는 목표를 이루기 힘들다. 다행히도 나는 사업의 가장 어려운 시기에 너무 오랫동안 세상을 원망하거나 좌절하기보다 동료들과 함께 해결 방법을 찾은 다음 기회가 오기를 기다렸다. 그 덕분에 우리 회사는 다른 회사들과 달리 창업 초기의 어려움을 잘 극복해냈다. 차근차근 성공의 경험을 쌓고, 어려움을 하나씩 극복할수록 점점 평정심을 찾고 더 좋은 기회를 붙잡을 수 있었다.

나는 지난 10여 년 동안 내게 일어난 모든 일을 감사하게 생각한다. 수많은 역경과 복잡한 환경 덕분에 나는 더 냉정한 마음가짐으로 차분하게 인생을 대할 수 있었다. 어떤 기회가 찾아와도 나는 이성을 잃지 않았다. 이것이 바로 나의 성공 비결이다.

기회가 찾아오기 전 인내하며 엎드려 기다려야 하는 시기에는 지식과 실력을 기르고 끊임없이 나 자신을 돌보아야 한다. 자신의 가치관에서부터 실제 능력에 이르기까지 모든 것을 차근차근 변화시켜야 한다.

성공의 핵심은 차분한 마음으로 자기 내면에서 '진정한 자아'를 찾고 자신의 중심가치관과 중심재능이 무엇인지 들여다보고, 자신의 행동과 목표를 일치시키는 데 있다.

아직 진정한 기회가 찾아오지 않았다면 자신에게 이렇게 질문하라.

1. 나는 누구인가?
2. 내 인생의 목표는 무엇인가?

3. 나는 어떻게 해야 특별한 가치를 창조할 수 있을까?

이런 문제들을 절대로 소홀히 해서는 안 된다. 빠르게 발전하고 경쟁이 치열한 오늘날의 물질사회는 전체적인 분위기가 어수선하고 소란스럽기 때문에, 수많은 사람들이 타인의 가치 평가에 휘둘리며 어영부영 살아가고 있다. 그들은 '진정한 자아'를 잃어버리고 자신이 추구하는 것이 무엇인지도 모른 채 앞만 보고 내달리고 있다.

세계적으로 영향력을 가진 사람들에게는 일에서든 생활에서든 자신이 진정으로 추구하는 것이 무엇인지 잘 알고, 그것을 향해 매진한다는 공통점이 있다. 그들은 기회가 언제 찾아올 것인지 연연하지 않고 차분한 마음을 유지하며 현재를 충실하게 살아간다. 그들은 눈앞의 이익보다는 차분하고 냉정한 마인드에 더 가치를 둔다.

한마디로 그들은 자신이 왜 살고 있고 무엇을 위해 노력하는지 잘 알고 있다. 그렇기 때문에 시간과 정력을 정확한 곳에 집중적으로 투자할 수 있고, 그만큼 효율적인 삶을 사는 것이다.

인생의 목적을 찾는 것은 그리 어렵지 않다. 기회가 아직 찾아오지 않았다면 그 자리에 멈추어 서서 불평하고 원망하지 말고 끊임없이 자신을 들여다보라.

우리가 인생에서 가장 중요하게 생각해야 하는 것이 바로 '자신만의 중심가치관'이고 타인과 구분되도록 하는 재능이 바로 '자신만의 중심재능'이다. 중심가치관과 중심재능이 무엇인지 알았다면, 이제 그 두 가지 사이의 교집합을 찾으라. 그 교집합이 바로 '자기 인생의 중심목적'이다.

자기 인생의 중심목적을 찾았다면 이제 잠재력을 최대한 발휘하는 일만 남았다. 사람의 잠재력은 목표가 높을수록 충분히 발휘된다. 냉정함을 유지하며 바깥세상을 살피고 있다가 기회가 찾아오면 단단히 붙잡고 놓지 말라.

그러면 인생의 수준을 한 단계 위로 끌어올릴 수 있을 것이다.

● 눈앞의 이익보다
이익을 창출하는 마인드에 집중하라

만약 당신이 취업을 준비하고 있는 대학 졸업생이라면 이 질문에 대답해보라.

"대학 교문에서 회사 정문까지 얼마나 멉니까?"

아마 대부분 아무런 망설임 없이 "아주 가깝습니다. 다만 업무 경험 부족이라는 장애물 정도가 있을 뿐이죠"라고 대답할 것이다.

또 어떤 이들은 "연봉과 발전 가능성에 따라 거리는 달라진다고 생각해요. 연봉이 만족스럽다면 어떤 회사에서든 일할 수 있어요"라고 대답할 것이다.

그럴 때마다 나는 이렇게 조언한다.

"가장 중요한 것은 업무 경험이나 연봉이 아니라 자신에게 맞는 일을 선택하는 안목과 일을 대하는 마인드입니다."

자신이 선택한 일을 어떤 마인드로 대하느냐에 따라 그 사람의 발전 가능성과 목표에 도달할 때까지 걸리는 시간이 결정된다.

중국에서 대형 IT기업을 경영하는 친구가 있다. 그 친구가 내게 이런 말을 한 적이 있다.

"요즘 대학생들은 직장을 구할 때 연봉과 직위를 가장 중요하게 생각해. 자기 능력이 얼마나 되는지는 가늠하지 못하고 숫자에만 연연하지. 앞으로 5년 후를 생각한다면 그런 생각은 좀 달라질 텐데……."

이익을 추구하는 마음은 사람이라면 모두 갖고 있다. 그러나 이익이라고 해서 모두 같지는 않다. 먼 이익, 가까운 이익이 있고 큰 이익, 작은 이익도 있다. 대부분의 경우 눈앞의 이익은 자신이 얻을 수 있는 이익 가운데 그리 크고 좋은 축에 들지 못한다.

사람들은 이익이 발생했을 때 마치 눈앞에 잘 익은 사과가 뚝 떨어진 것을 발견한 것처럼 좋아한다. 그 사과가 크기만 할 뿐 맛이 없을 수도 있다는 사실은 잘 깨닫지 못한다. 가장 탐스럽고 맛있는 사과는 제일 높은 가지에서 나뭇잎에 겹겹이 싸인 채 매달려 있을지도 모르는데 말이다. 안타깝게도 그 사과는 사람의 눈에 잘 띄지 않으며, 애써 나무 위로 기어 올라가려는 사람도 많지 않다.

눈앞에 떨어진 사과를 줍는 것처럼, 많은 사람들은 눈앞의 이익을 포기하고, 앞으로의 이익을 위해 어려운 길을 택하는 것을 꺼린다. 사과를 따기 위해 나무를 기어오르다가 떨어져 다치는 것을 두려워하기 때문이다.

하지만 차분한 마음가짐으로 5년 후를 내다본다면 더 많은 것을 얻을 수 있다. 지금까지 사업을 해오면서 만나온 사람들만 살펴

봐도 성공한 사람과 실패한 사람의 가장 큰 차이는 마인드와 안목에서 나타난다. 안목이 짧은 사람은 평생 긴 안목을 가진 사람에게 이로운 일만 해주다가 인생이 끝난다. 눈앞의 유혹 앞에서 쉽게 백기를 들고 투항하기 때문에 비록 당장 입고 먹을 걱정은 없다 해도, 그보다 더 높은 차원의 욕망은 결코 충족시키기 어렵다. 내가 만난 사회 초년생들 중에도 자신으로부터 반경 5미터 밖은 내다보지 못하는 이들이 많았다.

뉴욕에 있을 때 젊은 나이에 큰 성공을 거둔 한 청년 사업가를 만날 기회가 있었다. 그는 매우 젊었지만 벌써 큰 호텔의 사장이었다. 그의 첫인상은 지극히 평범했고, 특이점도 없었다. 그러나 그와 이야기를 나눠본 후 나는 비로소 그가 성공한 것이 당연한 일이라는 것을 깨달았다.

젊은이가 말했다.

"몇 년 전만 해도 저는 허름한 모텔의 아르바이트생이었습니다. 제게 더 나은 미래가 있으리라고는 상상도 할 수 없었죠. 어느 추운 겨울날 한밤중에 갑자기 천둥번개가 치며 폭우가 쏟아지기 시작했습니다. 어디선가 물 떨어지는 소리가 들렸습니다. 수리하지 못하고 방치되어 있는 사장실 천장에서 또 물이 새는 것 같았습니다. 직원 숙소에서 자고 있던 다른 동료들도 빗소리에 잠에서 깼지만 서로의 얼굴만 멀뚱멀뚱 쳐다만 볼 뿐 살펴볼 생각을 하지 않더군요. 저 혼자 옷을 입고 사장실로 가보니 사장실 책상 위로 빗물이 떨어져 책상 위에 있던 서류들이 이미 젖어 있었습니다. 다행히 아직 심각한 상황은 아니었죠. 저는 세탁실에서 비닐을 가져다가 책상 위에 씌운 후 빗물이 책상으로 흘러들어가지 않는 것을 확인하고 사장실에서 나왔습니다.

다음 날 아침 사장님이 전 직원을 불러 회의를 열었습니다. 사장님이 무표정한 얼굴로 말하더군요. '어제 사장실에 함부로 들어온 사람이 누군가?' 저는 속으로 깜짝 놀랐죠. 모두들 숨죽인 채 잠자코 있었고 사장님은 누군가 솔직히 자백하길 기다리는 것 같았습니다. 저는 잘못한 게 없다고 생각했기 때문에 조심스럽게 자리에서 일어났습니다. 모두들 놀란 눈으로 죄인을 쳐다보듯이 저를 바라보았습니다. 그런데 그때 사장님의 얼굴에 미소가 떠올랐습니다.

뜻밖에도 사장님은 저를 그날부터 모텔의 정식 지배인으로 발령한다고 발표했습니다. 저의 책임감 있는 행동 덕분에 중요한 서류를 지킬 수 있었다며 우리 모텔에 저 같은 직원이 필요하다고 말했습니다. 남의 눈에 띄지 않는 작은 행동이 오늘날의 저를 만든 거죠. 그때부터 저는 일을 대하고 사람을 대하는 마음가짐이 이익보다 훨씬 중요하다는 사실을 명심하며 살고 있습니다."

다른 직원들보다 한 치 앞을 내다보고 행동할 줄 아는 그의 태도가 곧 성공으로 이어졌다는 것을 잘 알 수 있는 대목이다.

이번에는 성공을 열망하는 한 젊은이의 이야기다. 그는 평소에 자신이 부러워하는 기업가를 찾아가 성공 비결을 알려달라고 했다. 그런데 기업가가 아무 말도 없이 부엌으로 가더니 냉장고에서 커다란 수박을 꺼내왔다. 기업가는 그 수박을 크기가 각각 다른 세 조각으로 잘라냈다. 젊은이는 의아한 표정으로 그의 행동을 바라보기만 했다. 기업가는 자른 수박을 젊은이 앞에 내려놓으며 말했다.

"이 수박 조각들 가운데 가장 이익이 되는 것을 고르라면 어떤 것을 선택하겠나?"

"당연히 가장 큰 조각이지요!"

젊은이가 가장 큰 조각을 가리키며 망설임 없이 대답했다.

기업가가 빙그레 웃으며 말했다.

"좋아. 그럼 먹어보게!"

기업가는 가장 큰 수박 조각을 젊은이에게 건넨 후 자신은 제일 작은 조각을 들고 먹기 시작했다. 젊은이가 제일 큰 조각을 절반쯤 먹었을 때, 기업가가 자신의 수박을 다 먹은 후 나머지 조각을 들고 젊은이 앞에서 보란 듯이 흔들더니 태연하게 입으로 가져가 먹기 시작했다. 작은 두 조각을 합치면 제일 큰 조각보다 더 컸다.

젊은이는 그제야 기업가가 자신에게 말하려는 것이 무엇인지 깨달았다. 기업가가 먹은 수박 두 조각은 각각 하나씩 놓고 보면 제일 큰 조각보다 작지만 두 개를 합치면 제일 큰 수박보다 더 컸다. 다시 말해 기업가는 실제로 젊은이보다 더 많은 이익을 가진 셈이다. 눈앞의 이익에 연연하지 않고 멀리 내다볼 수 있어야 더 큰 이익을 얻을 수 있다는 것을 잘 보여주는 사례다. 이것이 바로 인내의 목적이자 진정한 성공의 이치다.

버핏은 자신의 투자 성공 비결에 대해 이렇게 말했다.

"나는 한 번 산 주식은 단기적인 주가 등락에 연연하지 않고 5년이 지난 후 그 가치를 다시 논한다. 사람들은 주가가 폭락하면 손실을 가슴 아파하고 근심하지만, 나는 그 주식의 잠재력을 보고 몇 년 후 그 잠재력이 현실이 되기를 기대한다. 이것이 나의 투자전략이다."

● '소극적인 기다림'이 아닌 '적극적인 준비'

　　그동안 '잠재력 훈련' 프로그램을 진행하면서 많은 사람들이 '인내'를 모욕을 견디는 것과 동일하게 생각한다는 사실을 알게 되었다. 대부분의 사람들은 자기 힘으로 바꿀 수 없는 일에는 헛된 망상을 품지 않는 것이 좋다고 생각한다. 그러나 인내는 단순히 참는 것만을 의미하는 것은 아니다.

　　중국의 옛말에 '대장부는 능히 굽힐 줄 알고 능히 펼 줄도 안다', '한 걸음 물러서면 드넓은 창공이 펼쳐져 있다'고 했다.

　　중국인들은 옛날부터 인내를 처세의 지혜로 여겨왔다. 옛날 은자(隱者)들은 명리를 좇지 않고 욕심을 버리고 욕망과 감정을 억누른 채 초야에 묻혀 살았다. 이는 억지로 자아를 통제하는 것이 아니라 자기 억제력을 수련하는 과정이었다.

　　그들은 자신의 실력을 정확하게 판단해 굽혀야 할 때는 굽히고, 능력을 드러내야 할 때는 과감하게 드러냈다. 이처럼 인내는 두려

위하며 몸을 움츠리는 것이 아니라 전략적인 후퇴이자 양보다. 인내하면서도 자신이 무엇을 감추고 무엇을 참는지, 또 어떤 경우에 인내하지 않아도 되는지 정확하게 알아야 한다. 그렇게 해야만 인내의 힘으로 기회를 붙잡고 실력을 탄탄하게 기를 수 있다.

거의 모든 창업자들은 '시기'를 가장 통제하기 힘든 외부 요인으로 여긴다. 그들은 이미 창업을 하는 과정에서 쉽게 이루어질 듯한 일도 시기가 무르익지 않으면 아무리 노력해도 이룰 수 없음을 깨달았기 때문이다. 창업에 뛰어든 사람들마다 추진해야 하는지, 기다려야 하는지 판단하지 못해 어려움을 겪은 경험이 한두 번쯤은 다 있을 것이다.

중국의 전자책 사이트 차이니즈올닷컴(chineseall.com)의 창업자 퉁즈레이(童之磊)는 큰 방향을 정확하게 선택했다면 최적의 시기에 시장을 선점하고 기다리는 것이 가장 중요한 성공전략이라고 말했다. 그는 이에 관한 자신의 경험을 소개했다.

창업 후 가장 어려웠던 시기에 퉁즈레이는 당시 3명밖에 되지 않았던 직원들의 월급을 주기 위해 고군분투해야 했다. 그런데 그 기간 동안 쌓아놓은 성과가 현재 차이니즈올닷컴의 탄탄한 경쟁력이 되었다.

"흉년이 들면 농부도 사냥을 해야 한다."

이것이 퉁즈레이의 성공 비결이다. 퉁즈레이는 기다려야 한다는 것을 알고 있었다. 시장이 성숙하지 않아 아직 기회가 찾아오지 않았다면 실력을 길러야 한다. 차이니즈올닷컴은 창업 후 몇 년 동안

이 원칙을 충실히 지켰고 그 결과 중국 초중고 디지털도서관과 모바일도서관 플랫폼을 구축하는 기회를 붙잡았다. 그는 세분화된 시장에 대해 적극적으로 정보를 수집하고, 시장에 민감하게 반응해야 진정한 기회를 잡을 수 있다고 조언했다.

또 다른 사례가 있다. 중국에서 IC회로 설계시장이 걸음마 단계였을 때, 시장 전망이 불투명해 섣불리 투자했다가는 손해만 볼 수 있는 위험한 상황이었다.

그 무렵인 2008년 5월 한때 중국 'TD반도체 분야의 선두주자'라고 불리던 카이밍(凱明)이 자금난으로 파산을 선언했다. 혁신 능력으로 이름을 날렸던 이 기업은 중국과 해외에서 139개의 특허를 보유한, 중국 TD업계 최고의 기업이었다. 그런데 중국에서 3G 시장이 형성되기 직전에 더 이상 버티지 못하고 무너져 버렸다.

카이밍이 파산하기 한 달 전, TD가 중국에서 시범 상용화를 시작했다. 조금만 기다리면 카이밍에게 진정한 기회가 올 수 있었다. 그런데 카이밍은 간발의 차로 기회를 놓치고 실패로 막을 내렸다. 사람들은 카이밍이 자금 부족 때문에 파산했다고 알고 있지만, 사실 진정한 원인은 카이밍의 경영진이 TD 시장에 언제 기회가 찾아올지 정확히 판단하지 못했기 때문이다.

반면 카이밍과 비슷한 시기에 TD 업계에 뛰어든 잔쉰(展訊)의 사례는 카이밍과 선명한 대조를 이룬다. 잔쉰은 업계의 선구자로서 카이밍과 마찬가지로 TD 시장에 기회가 찾아오기를 기다렸다. 그러나 잔쉰은 카이밍과 같은 실수를 저지르지 않고 상품의 다양화로 돌파구를 찾았다. 잔쉰은 TD 시장의 전망을 낙관하고 일찍부터 시장에 뛰어들어 기회가 오기를 기다리는 한편 2G 상품을 생산해 그로부터 얻은 수입으로 자금 부담을 덜었다. 그 덕분에 잔쉰은 자금난을 극복하고 살아남아 TD 시장의 기회를 잡고 당당히 성공했다.

퉁즈레이와 잔쉰은 시장의 미래를 정확하게 전망하고 발 빠르게 뛰어든 후 오랫동안 적극적으로 준비하며 기회를 기다렸다는 공통점이 있다. 카이밍도 똑같이 인내의 시간을 보냈지만, 자기 실력을 정확하게 판단하지 못하고 기회에 대비해 준비하지 않은 채 미련하게 기다리기만 했기 때문에 성공의 기회를 놓쳐버렸다.

외부 환경에 민감하게 반응하고, 자기 실력을 정확하게 판단하고 움직여야만 인내가 빛을 발휘할 수 있다. 요컨대 인내는 '소극적인 기다림'이 아니라 '적극적인 준비'인 것이다.

남미 안데스 고원에 가면 푸야 라이몬디라는 식물이 있다. 해발 4000미터가 넘는 고원의 비바람 속에서 경건한 자태로 햇빛을 받고 대지의 양분을 흡수하며 매우 조금씩 자라고 속을 채우는 식물이다. 그리고 100년 만에 비로소 꽃을 피운다.

차분하게 기다리고 그 오랜 기다림 속에서 미래를 위한 힘을 비축하는 과정, 그것이 바로 진정한 인내의 의미다.

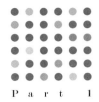

● '어리석은 인내하기'는 멈추라

인내하는 것이 중요하다고 해서 무조건 인내하라는 뜻은 아니다. '어리석은 인내'가 계속되면 좋은 기회를 놓칠 수 있다. 인내하다가 기회를 놓치는 사람들을 보면 A를 추진하느라 B를 놓치는 경우가 허다하다. 그런 사람들은 고지식하게 둘 중 하나만 선택하고, 사고의 융통성을 발휘하지 못한다는 공통점이 있다.

그런 사람들은 생각만 한다. 눈앞에 어떤 기회가 와도 모두 함정이라고 생각하기 때문에 모험을 하느니 차라리 놓치는 편을 택한다. 그들은 기회가 지나가 버리거나 남들이 기회를 선점한 후에야 기회를 놓쳤음을 깨닫고 후회를 늘어놓는다.

"그때 기회를 잡았어야 했어."

"그때 그의 말을 들었더라면 이런 실수는 저지르지 않았을 텐데."

"그때 더 열심히 했더라면 지금 이렇게 되지는 않았을 텐데."

'그때'로 돌아갈 수 있다면 얼마나 좋을까? 우리 주변에는 이런 사람들이 참 많다. 그들은 충분히 준비하고 기회가 올 때까지 잘 기다렸음에도 불구하고 너무 오랫동안 고민하고 결정을 내리지 못하다가 절호의 기회를 눈앞에서 놓쳐버린다.

잠재력 훈련 프로그램을 접하기 전까지는 나도 다른 사람들처럼 기회를 눈앞에서 놓쳐버린 일이 많았다. 내가 미국 로스앤젤레스에서 처음 광고회사를 설립했을 때 회사의 수익이 거의 없었다. 그해 연말 나는 한 가전업체의 다음 해 광고를 따내기 위해 다른 업체들과 경쟁했다. 광고주는 입찰 하한가를 제시하지 않은 채 "가장 성의 있는 가격을 제시한 업체와 계약하겠다"는 애매한 대답만 내놓았다.

입찰 가격을 제시한 후 우리는 성의 있는 모습을 보여주기 위해 원가를 보장하는 선에서 큰 폭으로 할인해주기로 결정했다. 그런데 얼마나 할인해줄 것인지가 문제였다. 나는 그 문제로 밤잠을 이루지 못할 정도로 깊은 고민에 빠졌다. 경쟁사의 입찰 가격을 알아내기 위해 온갖 루트를 다 동원했지만 헛수고로 돌아가자 나는 할인율을 제시하지 않고 일단 두고 보기로 했다. 광고주가 급하게 결정할 것 같지 않았기 때문이다. 그런데 일주일 후 광고주가 갑자기 결과를 발표했다. 결과는 경쟁업체의 승리였다. 알고 보니 경쟁사에서 사흘 전에 할인율을 적용한 최저가를 제시했던 것이다.

나는 관망하다가 큰 계약을 놓쳐 버린 것이다. 그 일은 오랫동안 나를 후회하게 했다. 그 정도 규모의 계약이면 우리처럼 작은 회사는 1년 치 경영비용을 벌 수 있었다. 그 일이 있은 후 나는 우유부

단함을 자책하며 한동안 우울한 나날을 보냈다.

잠재력 훈련 프로그램 수강생인 제레미가 내게 자신의 경험을 들려주었다. 그는 항상 열정과 패기가 넘치는 젊은이였다.

제레미는 대학 졸업을 앞두고 있던 어느 날 학교 게시판에 붙은 채용공고에서 그가 오래전부터 동경하던 통신기업의 채용광고를 발견했다. 게다가 그는 그 회사가 원하는 지원 자격에 모두 부합했다. 제레미는 뛸 듯이 기뻤지만 당장 입사지원서를 내지 않았다. 당시 그는 자신을 선택하지 않는 기업은 '복을 제 발로 걸어차는 것'이라는 자만심에 휩싸여 있었다. 제레미는 그 회사가 자기 학교에서 채용설명회를 열 때까지 기다리기로 했다. 채용설명회가 열리면 그때 입사지원서를 제출해도 늦지 않다고 생각했다.

과연 얼마 후 그 기업의 인사 담당자가 학교로 찾아왔다. 그런데 인사 담당자의 말이 제레미를 좌절시켰다. 인사 담당자가 이렇게 말했다.

"정말 죄송합니다. 채용공고를 낸 후 입사 지원자가 너무 많이 몰려 원서 접수를 앞당겨 마감했습니다."

제레미는 '차분히 기다린' 탓에 어렵게 찾아왔던 기회를 놓쳐버렸다.

다들 한두 번쯤은 시간을 지체하는 바람에 절호의 기회를 놓친 경험이 있을 것이다. 소극적으로 기다리며 시간을 헛되이 흘려보내면 결국에는 기회를 놓칠 수 있다.

기회는 누구에게나 평등하다. 관건은 기회를 어떤 마음가짐으로 받아들이고 현실을 어떻게 판단하느냐에 있는 것이다.

겸손과 인내는 중국인들이 매우 중요하게 여기는 가치관이며 훌륭한 자질이다. 그런데 겸손하게 기다리고 인내하라는 교육은 많이 받았지만 적당한 때에 능력을 발휘하는 법에 대해서는 자세히 배우지 못했다.

미국 생활 초기에 나는 아주 흥미로운 점을 발견했다. 중국인과 유럽인이 영어로 대화를 할 때 공통적으로 나타나는 문제가 있었는데 바로 중국인은 자신이 원하는 것을 너무 함축적으로 표현한다는 점이었다. 직설적인 표현에 익숙한 미국인들은 이런 함축적인 표현 방식을 몹시 불편하게 여겼다. 미국인들은 함축적인 표현을 무능하고 자신감 없는 것으로 받아들였다.

가령 어떤 일을 할 때 잘할 수 있느냐는 질문에 "한번 해보겠습니다", "최선을 다하겠습니다"라고 대답한다면 미국인들은 그 일을 해낼 수 없다는 뜻으로 받아들였다.

나와 오랫동안 함께 일한 파트너 웰스조차 요즘도 가끔씩 미간을 찡그리며 이해할 수 없다는 듯 이렇게 묻는다.

"자기 능력을 펼치는 걸 왜 그렇게 두려워하지? 자네는 내가 만난 사람 중 가장 우수한 사람이야."

그럴 때면 나는 중국인들에게서 수천 년 동안 면면히 이어져 내려온 전통적인 사고방식대로 빙그레 웃으며 이렇게 대꾸한다.

"사람은 겸손해야 해."

전형적인 미국인인 웰스는 언제나 열정적이고 남들 앞에서 자신의 장점을 자신 있게 드러낸다. 예를 들어 누가 그에게 눈이 잘생겼다고 말하면 그는 상대에게 "내 눈이 톰 크루즈처럼 매력적이라고 생각하지 않아?"라고 유머러스하게 반문한다. 이런 유머감각과 자신감 덕분에 그의 곁에는 항상 친구가 많다.

미국 생활 초기에 나는 미국식 표현 방법에 익숙하지 못해 자주 실수를 저질렀다.

한 번은 파티에 참석했는데 식사가 끝난 후 한 유명한 신문기자가 나를 알아보고 다가와 인사를 했다. 그는 내가 쓴 책을 언급하며 진지하게 물었다.

"자신이 훌륭한 작가라고 생각하시나요?"

나는 겸연쩍은 미소를 지으며 대답했다.

"아닙니다. 작가는 제 본업이 아닌걸요. 저는 그저 제 생각을 글로 표현했을 뿐입니다."

내 말을 듣고 조금 전까지만 해도 존경스러운 눈빛으로 나를 쳐다보던 기자의 얼굴에 놀란 빛이 스치더니 이내 실망스러운 표정이 떠올랐다.

기자가 미소를 지으며 약간 오만한 투로 말했다.

"아, 그럼 우리가 함께 일하려면 아주 오래 기다려야겠군요."

알고 보니 그는 나와 함께 책을 쓰고 싶다는 생각에 나를 떠보기 위해 그런 질문을 던졌던 것이다.

중국에서였다면 나의 대답이 겸손과 예의의 표현으로 받아들여졌겠지만, 미국에서는 상대에게 내가 실력 없는 아마추어 작가라는 인상을 주었다. 그는 나처럼 자신감 부족한 작가와 시간 낭비를 하고 싶지 않았던 것이다. 나중에 그의 동료에게 들으니 그는 역량 있는 중국인 작가의 신간을 골라 홍보 기사를 쓸 계획이었다고 했다.

적잖은 사람들이 나와 비슷한 경험을 했을 것이다. 훈련 프로그램에 참가한 이탈리아 출신의 수강생 샌디도 자신의 비슷한 경험을 이야기했다.

샌디는 회사에서 매우 유능한 직원이었다. 그녀는 추진력이 강하고 힘든 일도 불평하지 않고 묵묵히 일했다. 그런데 매번 프로젝트를 성사시켜 큰 성과를 거두면서도 그녀는 자기 성과를 자랑한 적이 없었다. 무슨 일을 하든 겸손하게 "당연히 해야 할 일을 했을 뿐이에요", "난 별로 유능하지 않아요", "모두 함께 노력한 결과예요"라고 말하며 자신의 공을 자랑하지 않았다.

부서 내에서 그녀의 실적이 가장 좋았기 때문에 동료들은 그녀를 보면 언제나 "샌디, 정말 멋져!"라고 찬사를 보냈다. 하지만 그녀의 업무 성과에 대해 구체적으로 칭찬해주는 사람은 아무도 없었다. 있다 해도 잠깐 언급하고 지나쳤고 그녀도 언제나 엷은 미소로 응대했을 뿐이다.

사실 그녀는 부서에서 가장 많은 일을 하고 있었지만 남의 눈에 띄지 않는 곳에서 묵묵히 일했다. 상사가 그녀를 칭찬할 때도 그녀 혼자만 따로 칭찬하지 않고 항상 다른 직원들과 함께 묶어서 칭찬했다. 그렇게 2년이 흘러 다른 동료들은 대부분 승진하고 연봉이 인상되었지만 그녀는 여전히 묵묵히 일하는 말단 직원일 뿐이었다. 그녀는 마음속에 점점 원망과 불만이 쌓여갔지만 우울해질 때마다 그녀는 경험을 쌓으면서 기다리면 언젠가는 좋은 직장에서 자신을 스카우트할 것이라며 자신을 다독였다.

그렇게 또 1년이 지났다. 마침내 샌디는 다른 회사로 스카우트되었다. 그러나 새로운 직장에서도 그녀에게는 사소하고 잡다한 일들만 맡겨졌다. 상사가 자신감 부족한 그녀의 모습을 보고 그녀의 능력을 믿지 못했기 때문이다.

샌디는 경험과 실력을 충분히 쌓았지만 정작 발휘할 기회를 얻지 못했다. 원인은 그녀의 소극적인 겸손함에 있었다. 겸손함의 가치를 너무 과대평가한 나머지 그녀는 계속 기다리기만 할 뿐 너무 많이 인내할 필요가 없다는 사실을 알지 못했다. 그녀는 성실하고 유능한 직원이었지만 과도한 겸손함 때문에 상사로부터 능력을 인정받지 못하고 그 때문에 능력을 발휘할 기회를 얻지 못했다.

실망한 샌디는 얼마 후 직장을 그만두었고, 우연한 기회에 내가 진행하는 훈련 프로그램에 참여하게 되었다. 두 학기 과정이 끝난 후 나는 그녀에게 판매 업종에서 일해보라고 조언했다. 그녀의 자신감을 기르는 데 도움이 될 것이라고 생각했기 때문이다.

현재 샌디는 기업체를 2개나 운영하는 멋진 사업가로 변신해 있다. 그녀는 이제 자신의 매력을 충분히 발산하라는 것을 회사의 직원 수칙에 포함시키고, 직원을 채용할 때도 이 점을 가장 중요하게 본다고 말했다.

실력을 길렀다면 충분히 발휘해야 한다. 오랫동안 인내하며 실력을 기르기로 마음먹었다면 그 후에는 축적된 에너지를 발산할 수 있는 출구를 찾아야 한다. 실력을 길렀지만 마음껏 발휘하지 못하는 것은 운동선수가 피와 땀을 쏟는 훈련을 거친 후에도 막상 경기에서 스퍼트를 내지 못하는 것과 같다. 그러면 그동안의 훈련이 무슨 의미가 있겠는가?

'현명한 인내'란 중대한 결정을 내려야 하는 순간의 직전 단계까지다. 기회가 왔으면 잡는 것은 사회의 당연한 이치이기 때문이다. 현명한 인내의 시기를 결정하는 것은 온전히 당신의 몫이라는 것을 알아야 한다.

"인내력은 단순한 마음가짐이 아닌, 성공을 위한 필수적인 능력이다."

'미래'만을 생각하며 사는 사람이 있다. 동료가 퇴근 후 함께 술을 마시자고 제안하면 그는 어떤 식당에 갈 것인지부터 묻고 밥을 먹을 때도 서둘러 먹고, 영화를 보러 가야 한다며 허겁지겁 밥만 먹는다. 영화관에 가면 결말도 다 보지 않고 빠져나와 야근을 하러 회사로 달려간다. 언제나 '현재'가 아닌 '미래'에서 살고 있는 그 남자에게는 언제나 끝내지 못한 계획만 있을 뿐이다.

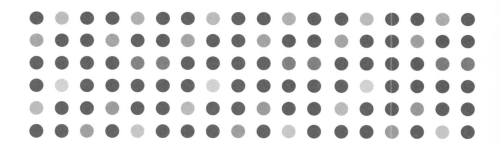

P a r t   2

'인내'와 '실행'의 균형점에 서라

균형

무슨 일을 하든 평상심과
의지를 발휘할 수 없는 사람은
작은 어려움에도 위축되고,
심하면 책임을 남에게 미루어버리곤 한다.

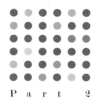

● 인내심의
균형점을 찾으라

　사업을 시작하기 전 나는 아주 작은 회사에 다니고 있었다. 내가 매일 하는 일은 상사의 잡다한 업무를 돕는 것이었다. 나의 상사는 젊지만 일처리에 있어서 굉장히 까다롭고, 작은 실수라도 하면 호되게 비난했다. 다른 동료들은 그와 마주치지 않는 게 상책이라며 슬금슬금 그를 피했다.

　수십 년의 사회생활 경험상 그런 사람들은 대부분 직장의 경쟁에서 패배하고 만다. 그 역시 예외가 아니었다. 그는 중요한 프로젝트에서 실수를 저질러 책임을 지고 회사를 떠났다.

　후임 상사는 그와는 정반대였다. 그는 남들과 부딪히는 일이 없었고 무슨 일을 하든 맡은 일만 묵묵히 처리했다. 물론 그의 직장 생활도 전임 상사보다 크게 나을 것이 없었다. 그의 과도한 참을성은 그를 승진과 연봉 인상에서 멀어지게 했다.

　두 상사의 실패를 옆에서 지켜보며 나는 인내력의 중요성을 새삼 실감했다. 너무 까다롭고 참을성이 없으면 불필요한 적을 만들게 되고, 반대로 너무 많이 참아도 재능과 능력을 발휘하지 못하고 묻혀버린다.

그렇다면 어떻게 둘 사이의 균형점을 찾아내 성공할 수 있을까? 관건은 인내력을 정확하게 이해하고 이용하는 데 있다.

인내력은 차분하게 기다리고 좌절하지 않고 분노를 다스리며 원망하지 않는 능력이며, 성공하고 싶다면 반드시 갖추어야 할 자질이다. 또한 타고나는 것이 아니라 후천적인 단련으로 길러지는 것이다. 갓난아기들은 배가 고프면 울지만 어른들은 쉽게 울지 않는다. 왜 그럴까? 아기는 스스로 생존할 능력이 없기 때문에 고통과 공포를 울음으로 어른에게 전달한다. 그런데 성장을 마친 성인은 오랜 시간동안 그동안 후천적으로 인내를 단련하는 과정을 거쳤기 때문에 작은 자극에는 쉽게 눈물을 보이지 않는다.

살다 보면 종종 타인과 마찰이 생길 때가 많은데 그럴 때마다 반응하지 말고 불필요한 싸움을 피하면, 이에 대한 보상으로 원만하고 두터운 인간관계를 얻을 수 있다.

나의 고객 앨리스는 작은 회사에서 일하고 있다. 그녀는 매일 출력, 서류 전달 같은 잡다한 일을 도맡아 한다. 사실 동료들이 귀찮은 잡무를 모두 그녀에게 맡기기 때문에 그녀는 다른 일을 할 겨를이 없다. 그런데도 그녀는 언제나 불평 한마디 없이 웃으며 일했다.

연말에 회사에서 말단 직원들 중 한 명을 뽑아 사장 직속 비서로 승진시키기로 했다. 사장이 직접 면접을 보면서 자기 업무에 대해 어떻게 생각하고 있는지 직원들에게 질문했다. 앨리스의 차례가 되자 그녀가 대답했다.

"저는 매일 똑같은 일을 반복합니다. 똑같은 일을 반복하다 보면 괴롭고 짜증도 나지만 저 자신을 단련하기 위해 꼭 필요한 과정이라고 생각합니다. 똑같은 일을 반복하기 위해서는 인내심도 필요하지만, 그만큼 중요한 것은 제가 이 일을 계속해나갈 수 있는 의지라고 생각합니다."

앨리스의 대답에 사장은 의외라는 표정에 이어 곧 흡족한 미소를 지었고, 앨리스는 당당히 사장 직속 비서로 승진했다.

인내심이 한 사람의 인격과 도덕성을 가늠하는 척도는 아니지만, 성공으로 향한 길에 반드시 필요한 요건임은 분명하다. 무슨 일을 하든 평상심과 의지를 발휘할 수 없는 사람은 작은 어려움에도 위축되고, 심하면 책임을 남에게 미루어버리곤 한다. 그런 사람이 성공한 사례는 지금껏 없었다.

나도 예전에는 인내심이 부족해서 일을 서두르거나 작은 일에도 화를 내곤 했다.

한 번은 은행에 갔다가 현금지급기 앞에 줄을 서서 기다리고 있는데 맨 앞에 있는 노인이 사용 방법이 서툴러 자꾸만 실수를 하는 바람에 시간이 지체되었다. 길게 서 있는 줄 때문에 슬슬 짜증이 나고 있던 나는 노인의 굼뜬 행동을 보고 버럭 화를 내며 소리를 질렀다.

"거 빨리 좀 하세요!"

노인은 내게 미안하다며 거듭 사과했다. 노인의 모습에 나는 죄책감이 들었다. 언젠가 나도 늙어 노인이 될 텐데 그때가 되면 남들이 내게 좀 더 너그럽게 대해주길 바랄 것 같다는 생각이 들었다.

아주 사소한 일이었지만 그 일을 계기로 나는 내가 참을성이 부족하고 환경에 따라 감정이 쉽게 변하는 사람이란 것을 깨달았다.

한 번은 고객이 아무 연락도 없이 약속시간에 한 시간이나 늦게 나타난 적이 있었다. 그는 피치 못할 사정이 있었노라고 해명했지만 이미 화가 머리끝까지 나 있던 나는 고객에게 퉁명스럽게 대했다. 물론 그 대가는 참담했다. 고객이 나의 신경질적인 반응에 놀라 나와의 거래를 취소한 것이다.

쉽게 화를 내고 참을성이 부족한 사람이 있다면 먼저 자기감정을 잘 살피고 반성해서 나와 같은 실수를 저지르지 않길 바란다. 다음의 몇 가지 방법들이 화를 다스리고 인내심을 기르는 데 도움이 될 것이다.

자기 암시를 해보라

어느날 내가 광장에서 친구를 기다리는데 약속시간이 지나도록 친구가 나타나지 않는 것이었다. 나도 모르게 짜증이 나고 마음이 조급해졌다. 나는 화를 다스리기 위해 나 스스로를 젠틀한 신사라고 반복적으로 생각하고 신사처럼 행동하자고 다짐했다. 곧 마음이 한결 차분해졌다. 그리고 광장에 있던 음악분수로 시선을 돌렸다. 그러자 어렸을 때 수영장에서 놀던 기억이 떠올랐다. 물 위에서는 사람들이 시끄럽게 떠들며 놀고 있지만 물 아래로 잠수해 들어가면 새파랗고 조용한 세상이었다.

어릴 적 나는 수영장에 갈 때마다 숨을 참고 물 밑으로 들어가 누구의 방해도 받지 않는 조용함을 즐기곤 했다. 그때의 기억을 떠올리며 내가 물 밑에 들어와 있다는 상상을 하자 곧 짜증이 사라지고 차분히 친구를 기다릴 수 있었다. 만약 현재 인내심이 바닥나 마음이 조급해지고 짜증이 난다면 지금 자신이 좋아하는 공간에 있다고 자기 암시를 하라. 그러면 화나는 일이 잊혀지고 상상 속에서 홀로 고요함을 즐길 수 있을 것이다.

현재에 집중하라

'미래'만을 생각하며 사는 사람이 있다. 동료가 퇴근 후 함께 술을 마시자고 제안하면 그는 어떤 식당에 갈 것인지부터 묻고 밥을 먹을 때도 서둘러 먹고, 영화를 보러 가야 한다며 허겁지겁 밥만 먹는다. 영화관에 가면 결말도 다 보지 않고 빠져나와 야근을 하러 회사로 달려간다. 언제나 '현재'가 아닌 '미래'에서 살고 있는 그 남자에게는 언제나 끝내지 못한 계획만 있을 뿐이다. 우리 주변에도 이런 비슷한 실수를 저지르고 있는 사람들이 많다. 계획을 세우면 그 계획을 성사시키는 데만 집중하고 작은 실패도 용납하지 못하는 것이다.

세상 모든 일에는 기다려야 하는 시간이 있다. 아기가 태어날 때도 엄마의 배 속에서 열 달 동안 기다림의 시간을 보내야 한다. 외국어나 악기를 배울 때도 노력하고 기다리는 시간이 필요하다. 하물며 한 사람의 인생이 성공하기까지는 얼마나 더 긴 시간이 필요하겠는가.

어떤 일을 빨리 이루고 싶어서 조바심이 날 때에는 목표를 위해 현재 해야 하는 일이 무엇인지 냉정하게 판단해야 한다. 차분하게 미래를 준비하며 현재를 즐겨라. 내일의 일을 미리 걱정하고 조급해할 필요는 없다.

최악의 상황까지 생각하라

사람들이 실패하는 이유 중 대부분은 돌발 상황에 적절히 대응하지 못했기 때문이다. 예기치 못한 문제가 닥쳤을 때 미리 다른 방법을 생각해두지 않았다면 빠르고 정확하게 대응할 수 없다. 그러므로 어떤 일에 대해 계획을 세울 때는 최악의 상황까지 예상하고 대응 방법을 생각해두어야 한다. 그래야만 긴급 상황이 닥쳤을 때 속수무책으로 실패하지 않을 수 있다.

고지식함을 버려라

일할 때 가장 버려야 하는 것은 고지식한 사고방식이다. 아무리 위급한 상황이라도 심사숙고하고 관점을 바꾸어 다른 시각에서 문제를 바라본다면 실수와 손실을 최대한 줄일 수 있다.

전체적인 청사진을 머릿속에 그려라

20세기 초 한 탐험가는 다섯 명의 탐험대를 이끌고 북극 탐험에 도전하기로 했다. 그는 탐험을 떠나기 오래전부터 세심하게 준비했다. 탐험대의 이동수단이 될 전동썰매와 다섯 명 분량의 식량과 텐트를 충분하게 준비했다. 탐험대는 한 달이 넘는 오랜 여정 끝에 마침내 북극에 도착했다.

그런데 탐험대가 출발하기 직전 갑자기 한 명이 더 투입되는 바람에 탐험을 마치고 돌아오는 길에 준비한 식량이 일찍 바닥나고 말았다. 극한의 날씨 때문에 전동썰매마저 작동하지 않았다. 탐험대는 식량 부족과 열악한 날씨 때문에 귀환하던 중 전원 사망하고 말았다.

3년 뒤 또 다른 탐험대가 북극 탐험에 나섰다. 그들은 개썰매를 이용하기로 했다. 출발하기 전 그들은 하루 이동 거리와 전체 탐험에 걸리는 시간 등을 꼼꼼하게 예측하고 계산해 식량과 보온용품도 충분히 준비했다. 일곱 명으로 이루어진 이 탐험대는 북극 탐험을 무사히 마치고 단 한 사람의 부상자나 사망자도 없이 건강하게 귀환했다.

성공적인 삶을 살기 위해서는 단계별로 계획을 세워야 한다. 3년 계획이 될 수도 있고, 5년 계획, 10년 계획이 될 수도 있다. 먼저 큰 그림을 그린 후 매년 달성할 작은 목표를 설정하는 것이 좋다. 각 시기별로 정해놓은 작은 목표들을 하나씩 실현시킨다면 최종적으로 인생의 중대한 목표를 달성할 수 있을 것이다.

● '죽음 위장술'을
사용하라

미국 버지니아 주에는 버지니아주머니쥐라는 동물이 있다. 생김새는 고양이와 비슷하지만 행동이 느려 위험에 처하면 도망치는 대신 그 자리에 쓰러져 죽은 척한다. 그런데 이 '죽음 위장술' 덕분에 이 쥐는 지구상에서 7000만 년 동안 멸종하지 않고 살 수 있었다.

사자, 호랑이 같은 맹수들은 방금 숨이 끊어진 듯한 동물에게는 접근하지 않는 습성이 있다. 혹시라도 숨이 다 끊어지지 않아 갑자기 깨어나 자신에게 달려들 수 있는 위험이 있기 때문에 그런 먹잇감에게는 식욕이 동하지 않는 것이다.

버지니아주머니쥐의 이 '죽음 위장술'은 자기 능력을 감추고 드러내지 않는 처세술과 매우 비슷하다. 평범한 듯 보였는데 갑자기 놀라운 성공을 거둔 사람들은 대부분 오랫동안 자신의 능력을 감추는 '죽음 위장술'을 사용한다.

한 농부가 똑같은 묘목 두 그루를 심었다. 한 그루는 묵묵히 햇빛을 받고 비와 이슬을 맞으며 양분을 비축해 고르게 가지를 뻗어 나갔다. 미래의 생장을 위해 에너지를 천천히 모았다.

다른 한 그루도 빨리 꽃을 피우고 열매를 맺고 싶다는 생각이 간절했으므로 똑같이 양분을 흡수하고 힘을 비축했다. 이듬해 봄 첫 번째 나무는 가지에서 여린 싹이 움트자 비축해놓았던 양분을 싹에 공급했다. 두 번째 나무는 아직 싹이 다 벌어지기도 전에 서둘러 꽃봉오리를 내밀었다.

첫 번째 나무는 차근차근 나뭇잎이 무성히 자라게 하는 데 열중했지만 두 번째 나무는 해마다 꽃을 피우고, 열매를 맺는 데만 주력했다. 처음에는 농부가 두 번째 나무를 보고 몹시 기뻐했다. 그렇게 빨리 자라서 열매를 맺는 나무를 본 적이 없었기 때문이다. 그런데 얼마 지나지 않아 나무가 점점 시들기 시작했다. 아직 다 자라지도 않은 나무가 꽃을 피우고 열매를 맺는 바람에 무게를 감당하지 못해 줄기가 구부러졌다. 동네 개구쟁이들이 몰려와 열매를 따려고 나무를 흔들고 돌멩이를 던져대기도 했다.

몇 년 후 첫 번째 나무도 꽃을 피우고 열매를 맺기 시작했다. 양분을 충분히 비축하며 줄기를 튼실하게 뻗었기 때문에 열매도 크고 달았다. 그러나 두 번째 나무는 이미 말라 죽은 지 오래였다. 농부는 죽은 나무를 베어 땔감으로 썼다.

세상 만물은 각각의 발전 과정이 있다. 서둘러 목표에 도달하고 싶은 마음에 어느 한 단계라도 소홀히 하면 그로 인한 피해는 오롯이 자신에게로 돌아온다. 강한 생명력을 가진 사람은 성급하게 자기 실력을 과시하지 않는다.

사회 초년생들은 경험이 부족하고 성숙한 실력을 갖추지 못했으면서도 면접을 볼 때 남보다 돋보이기 위해 자신의 실력을 과시하는 경향이 있다. 하지만 그런 지원자들은 입사 후 실제 업무에서 상사를 실망시키는 경우가 적지 않다.

미국의 한 심리학자가 네 명의 구직자를 대상으로 특이한 실험을 했다. 그들은 자기소개서를 쓰면서 동시에 작은 난로에 우유를 데우라는 지시를 받았다.

첫 번째 지원자는 자기소개서에 자신의 학교 성적이 우수하며 사교 능력과 단체 적응력도 뛰어나다고 쓴 다음 자기소개서의 끝 부분에 자신의 우유가 아주 맛있게 데워졌다고 썼다.

두 번째 지원자의 자기소개서도 첫 번째 지원자와 비슷했지만, 그는 마지막에 실수로 난로를 넘어뜨렸고, 우유도 태우고 말았다.

세 번째 지원자의 자기소개서는 앞의 두 명과 아주 달랐다. 그는 자신의 학교 성적은 평범한 편이며, 다른 능력도 평범하다고 썼다. 그러나 그가 데운 우유는 기가 막히게 맛있었다.

네 번째 지원자의 자기소개서는 세 번째 지원자의 것과 비슷했지만 그가 데운 우유는 맛이 없었다.

심리학자는 실험 결과를 분석해 구직자들의 성향을 크게 네 부류로 나누었다. 첫 번째는 완벽하고 단점이 없는 것처럼 보이는 사람이고, 두 번째는 비교적 훌륭하지만 약간의 부족함이 있는 사람,

세 번째는 각 분야에 걸쳐 능력은 다소 부족하나 작지만 훌륭한 장점을 가진 사람이다. 그리고 네 번째는 딱히 장점이라고 할 만한 것이 하나도 없는 사람이라고 결론내렸다.

대부분은 첫 번째 부류의 사람들이 성공 가능성이 제일 높을 것이라고 생각하지만 현실에서는 그렇지 않다. 실제로 직장에서 가장 환영받는 사람들은 두 번째 부류의 사람들이다. 왜 그럴까? 잘난 척하고 자기 능력을 과시하는 직원을 좋아하는 상사는 어디에도 없기 때문이다. 게다가 완벽한 직원은 다른 회사의 스카우트 대상이 되기도 쉽지 않은가?

당신이 정말로 출중한 능력을 가지고 있다 해도 성공하기 전에는 '아둔한 척'을 하는 편이 낫다. 자신의 작은 단점들을 굳이 숨길 필요도 없다. 약간은 부족한 듯해야 사람들이 쉽게 당신에게 접근하고, 곧 그들과 친해지기 쉬운 법이다.

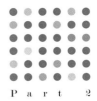
● '겸손' 더하기
'강한 열정'

당신은 상대방의 단점보다 장점을 발견할 줄 아는 사람인가? 우리는 무엇보다 상대방의 장점을 칭찬하는 법을 배워야 한다. 자신이 아무리 높은 자리에 있더라도 우러러 보는 태도로 사람들을 대하고, 상대가 여러 방면에서 자신보다 못하다 하더라도 상대의 장점을 존중하고 칭찬할 줄 알아야 한다.

이는 쉬운 것 같지만 실천하기는 상당히 어려운 일이다. 겸손하지 못한 사람들은 자기 주위에 본보기로 삼을 수 있는 사람들이 아주 많다는 사실을 모른 채 지나쳐 버린다.

조지는 젊은 나이에 큰 성공을 거둔 청년이다. 그는 뉴욕 모 방송국의 간판 진행자다. 내가 그에게 성공 비결을 물었을 때 그는 겸손의 힘이라고 대답했다.

조지가 TV방송국의 진행자를 뽑는 대회에 나갔을 때의 일이다. 그는 치열한 경쟁을 뚫고 순조롭게 결선에 올랐다. 결선 대회가 열리던 날 첫 번째 경쟁 부문인 자유낭독에서 조지는 자신감 있고 안정된 실력으로 관중들의 박수갈채를 받았다. 그런데 그의 낭독이 끝나고 모두들 환호하며 박수를 치는데 유독 심사위원석에 앉은 잭 한 사람만 무표정한 얼굴로 형식적인 박수만 몇 번 치는 것이었다.

조지는 문득 불안한 마음이 들었다. 자신이 무슨 실수라도 했는지 겁이 났다. 두 번째 부문의 경쟁이 시작되었다. 조지는 처음보다 더 긴장된 마음으로 자신의 실력을 최대한 발휘하기 위해 노력했다. 그러나 잭의 표정은 여전히 무덤덤했다. 조지는 자신의 실력이 경쟁자들보다 출중하다는 것을 확신하고 있었지만 잭의 표정을 보고 긴장되고 불안했다.

하지만 이제 와서 물러설 곳이 없었다. 조지는 결과에 연연하지 않고 끝까지 최선을 다하기로 마음먹었다. 마지막 경쟁에서 조지는 자신이 가지고 있는 능력을 최대한 발휘했다. 관중들이 전원 기립박수를 쳤다. 그러자 마침내 잭의 얼굴에도 환한 미소가 번지더니 벌떡 일어나 두 손을 높이 들고 조지를 향해 환호를 보냈다.

조지는 바라던 대로 대회에서 우승을 차지했고, 우승 트로피는 잭이 직접 전달했다. 잭이 우승 트로피를 건넨 후 두 사람이 가볍게 포옹을 하는데 잭이 조지의 귓가에 대고 가볍게 속삭였다.

"내가 왜 마지막에서야 자네에게 환호를 보냈는지 아나? 두 번의 경쟁에서 자네는 이미 완벽했네. 나는 이미 자네를 우승자로 생각하고 있었어. 하지만 내가 환호하면 자네가 교만해져서 방심할까봐 일부러 그랬던 거라네!"

이 말에 조지는 잭의 손을 덥석 잡으며 감격의 눈물을 흘렸다.

겸손은 인간관계의 장애물을 제거하고 당신을 성공으로 이끌어 줄 수 있는 덕목이다. 그러나 이보다 더 중요한 것은 겸손이 당신 내면에 숨어 있는 강한 힘을 찾아내 일에서 더 큰 성과를 거둘 수 있게 한다는 사실이다.

미국의 경영 컨설턴트 짐 콜린스는 22명의 연구원과 5년에 걸쳐 기업 성공의 비밀을 찾아내기 위해 방대한 규모의 연구를 실시했다. 그의 연구팀은 1965년부터 1995년까지 〈포춘〉 선정 세계 500대 기업에 오른 1435개 기업들 가운데 11개 기업을 연구 대상으로 선정했다.

이들은 모두 좋은 기업에서 위대한 기업으로 성장한 기업들이었다. 그들은 위대한 기업으로 성장하기 전 15년 동안 누적 주식수익률이 증시 전체의 평균수익률을 넘지 못했지만, 위대한 기업이 된 후 15년 동안은 누적 수익률이 증시 평균수익률의 7배가 넘었다. 콜린스는 연구 보고서에서 위대한 기업으로 도약한 회사에는 모두 5가지의 자질을 지닌 리더가 있었다고 보고했다.

콜린스는 리더의 5가지 자질 중에 가장 근본이 되는 것이 겸손함이라고 전했다. 위대한 기업의 리더는 모두 이중적인 성향을 가지고 있었다. 겸손하고 수줍음을 많이 타지만, 강인하며 두려움을 쉽게 느끼지 않았다. 또한 평상시에는 온화하고 차분하지만 일에서는 놀라운 끈기를 발휘한다. 그들의 이런 특징을 통해 겸손의 진정한 뜻이 무엇인지 알 수 있다. 겸손이란 바로 차분한 겉모습 안에 강한 열정을 숨기고 있는 것이다.

겸손함을 가진 리더들은 개인의 영욕보다는 회사의 흥망성쇠를 더 중요하게 생각한다. 그래서 그들은 우수한 직원을 뽑아 회사가 오래 지속될 수 있도록 하지만 겸손하지 못한 리더들은 자신이 중심이고, 자신의 가치를 실현하는 것을 가장 중요하게 여기기 때문에 회사의 위대함을 오래 지속시키는 데는 별로 도움이 되지 않았다.

또 겸손한 리더들은 책임과 결과를 받아들이는 방법도 매우 남달랐다. 콜린스는 그들의 처세 방식을 '창문'과 '거울'에 비유해 설명했다. 겸손한 리더는 회사가 성공했을 때는 거울이 아니라 창문 밖을 내다보며 외부 요인에 공을 돌리고, 결과가 나쁠 때는 창문이 아니라 거울을 들여다보며 자신에게 책임을 돌리고 외부 요인을 원망하지 않는다는 것이다.

하지만 겸손하지 않은 리더들은 이와 정반대로 결과가 나쁠 때는 창문 밖을 내다보며 외부 요인에서 실패 원인을 찾고, 회사가 성공했을 때는 거울을 들여다보며 자신의 공을 강조한다는 것이다. 결과적으로 조직에서 공을 세우고, 모두에게 인정받는 사람은 모두 겸손의 미덕을 갖추고 있다.

당신은 교만한 사람인가, 겸손한 사람인가.

● 한 걸음에
세 번을 둘러보라

1987년 미국 증시가 갑작스럽게 하락해 워런 버핏이 보유하고 있던 주식도 주가가 큰 폭으로 떨어졌다. 그런데도 버핏은 아주 침착했다. 주식 손실로 두려움에 질린 수많은 눈동자들이 버핏을 향했지만 버핏은 아무렇지도 않게 말했다.

"괜찮습니다. 그동안 주가가 너무 많이 올랐던 겁니다."

버핏은 어떻게 이렇게 태연할 수 있었을까? 그에게는 자신이 선택한 기업들이 장기적으로 높은 투자 가치를 지니고 있다는 확신이 있었기 때문이다. 언젠가 주식시장이 잠잠해지면, 그 기업들의 진정한 가치가 주가에 반영될 것임을 그는 알고 있었다.

얼마 후 과연 버핏의 주식은 주가 급락의 풍파를 견뎌내고 견조한 상승세를 보였고, 버핏은 큰 수익을 거두었다. 우리 주변에는 진득이 기다리지 못해 실패하는 사람들이 훨씬 많다. 그들은 앞을 멀리 내다보지 않고 경솔하게 사업을 시작하거나 주식에 투자했다가 큰 손해를 보기도 한다.

옛날에 한 노인이 길에서 굶주림에 지쳐 있는 두 나그네를 보고 측은한 마음에 낚싯대와 싱싱한 물고기 한 광주리를 주며 나누어 가지라고 했다. 한 사람은 물고기 광주리를 갖고, 다른 한 사람은 낚싯대를 가지고 각자의 길을 갔다.

물고기를 가진 사람은 주린 배를 채우기 위해 모닥불을 피워 물고기를 굽기 시작했다. 물고기 광주리는 순식간에 동이 났고, 그는 얼마 후 텅 빈 광주리 옆에서 굶어 죽었다.

한편 낚싯대를 가진 사람은 계속 굶주림을 참으며 바닷가로 향했다. 마침내 푸른 바다가 그의 눈앞에 나타났지만 그는 이미 마지막 힘까지 다 써버린 후였다. 안타깝게도 그는 바다가 보이는 길 위에 쓰러져 숨을 거두고 말았다.

얼마 후 또 다른 두 명의 굶주린 나그네가 낚싯대와 물고기 한 광주리를 얻게 되었다. 하지만 그들은 상의 끝에 헤어지지 말고 함께 바닷가를 찾아가기로 했다. 두 사람은 배가 고플 때마다 물고기를 한 마리씩 구워 먹으며 험한 여정을 견뎠고, 마침내 바닷가에 도착해 낚싯대로 고기를 잡으며 정착해서 살기 시작했다. 몇 년 후 두 사람은 각자 결혼을 하고, 아이를 낳고, 고깃배도 만들어 자급자족하며 행복하고 안정된 생활을 시작했다.

한 걸음에 세 번을 둘러보라는 말이 있다. 그만큼 신중히 생각해서 행동하라는 뜻이다. 당장의 눈앞이 아닌, 좀 더 먼 미래를 내다볼 수 있는 안목을 가지고 행동하는 사람이 결국 원하는 목표를 이룰 수 있다는 뜻이다.

성공한 사람들의 성공 비결을 자세히 살펴보면 그들은 모두 전체를 아우르는 큰 그림을 보는 안목을 가지고 있었음을 알 수 있다. 나무만 보지 않고 숲을 바라볼 줄 알아야 어떤 상황에서든 전체적인 이익에 부합하는 계획을 수립할 수 있다.

일단 커다란 계획이 세워져 있으면 내부적으로 이루어지는 작은 조정은 전체적인 결과를 크게 해치지 않는다. 전체를 바라볼 줄 모르면 일부분이 완벽해도 아무런 의미가 없다.

프랑스의 유명한 조각가 로댕이 오랜 시간에 걸려 발자크의 조각상을 완성했다. 로댕은 자신의 작품에 매우 흡족해하며 위대한 작품이라고 자부했다. 작품이 완성되자마자 그는 날이 밝을 때까지 기다리지 못하고 자고 있는 제자를 깨워 자신의 '거작'을 평가해보라고 했다.

작품을 훑어보던 제자의 눈길이 조각상의 손에서 멈추었다. 그 조각상은 마치 두 손 외에는 아무것도 없는 것처럼 보였다. 제자가 한참만에 입을 열었다.

"아주 아름다운 작품입니다. 이렇게 사실적인 손 조각은 본 적이 없습니다!"

로댕의 얼굴에서 미소가 싹 가셨다. 그는 작업실 안을 불안하게 서성거리다가 또 다른 두 제자를 깨웠다.

"드디어 발자크의 조각상이 완성되었네. 자네들이 평가를 내려주게."

두 제자의 반응도 첫 번째 제자와 다르지 않았다. 두 사람의 시선은 약속이나 한 듯 조각상의 두 손에서 멈추었다. 제자들이 말했다.

"이 조각상에서 가장 완벽한 부분이 손입니다. 당장이라도 움직일 것처럼 사실적입니다!"

제자 세 명이 이구동성으로 조각상의 손에 찬사를 보내자 로댕이 갑자기 울부짖듯 외쳤다.

"손! 손! 손……!"

로댕은 갑자기 옆에 있던 망치를 집어 들더니 조각상을 향해 힘껏 내리쳐 '완벽한 손'을 깨뜨려버렸다.

로댕이 조각상의 손을 부순 것은 조각상의 전체적인 아름다움을 위한 과감한 결정이었다. '완벽한 손'이 조각상의 전체적인 아름다움을 해쳐 사람들의 시선을 작품 전체가 아닌 일부에만 고정시켰기 때문이다. 마치 로댕의 작품이 인물상이 아닌 손 조각상인 것처럼 말이다.

나무가 아닌 숲을 볼 수 있어야 한다. 그래야 눈앞의 사소한 일에 연연하지 않고 원대한 목표를 가지고 더 큰 이익을 위해 노력할 수 있다.

그렇다면 어떻게 해야 나무가 아닌 숲을 보는 지혜를 기를 수 있을까?

눈앞의 '지엽적인 환경'에 집착하지 마라

전체를 아울러 바라보기 위해 제일 먼저 해야 하는 것은 사소한 일부분에 집착하는 마음을 버리고, 그 일에서 빠져나와 일의 전체적인 방향을 바라보는 것이다. 지엽적인 일에만 매달려 있으면 차분한 마음으로 전체를 아울러 생각할 수 없다.

예전에 유명한 철학 교수의 강연회에 참석했을 때 있었던 일이다. 교수가 학생 두 명과 함께 강연장에 들어서는데 갑자기 '펑' 하는 커다란 소리가 강연장에 울려 퍼졌다.

모두 깜짝 놀라서 소리가 나는 쪽을 바라보니 교수 옆에 있던 보온병이 저절로 터진 것이었다. 교수가 몹시 미안한 얼굴로 사람들에게 사과했다.

"미안합니다. 제 실수로 다들 놀라게 해드렸군요."

교수는 청중들에게 허리를 깊이 숙여 사과했고 강연회장의 분위기는 다시 화기애애해졌다.

강연회가 끝난 후 내가 그 교수에게 물었다.

"교수님이 보온병을 깨뜨린 것도 아닌데 왜 사과를 하셨습니까?"

그가 말했다.

"내가 보온병에서 제일 가깝게 있었으니 사람들은 당연히 내가 깼을 거라고 생각하지 않겠소? 그 정도 사과로 내 명예가 실추되는 것도 아니잖아요."

그의 대답을 듣고 나는 큰 깨달음을 얻었다.

만약 보온병이 터져서 사람들의 시선이 모두 교수에게 쏠렸을 때 교수가 정색을 했다면 사람들은 보온병이 왜 갑자기 터졌는지, 교수까지도 저렇게 놀란 것을 보면 혹시 보안에 문제가 있는 건 아닌지 걱정하고 술렁거렸을 것이다. 강연회장 분위기가 엉망이 되었을지도 모르는 일이다. 하지만 교수가 자신이 실수로 보온병을 깼다고 말하자 강연회장 분위기가 금세 가벼워졌다. 나는 사소한 일보다 전체를 바라볼 줄 아는 교수의 지혜에 새삼 감탄했다.

세부적인 변화로 전체를 판단하라

중국 하이얼(海爾)그룹의 장루이민(張瑞敏) 회장은 작은 단서로도 전체를 꿰뚫어보는 통찰력을 가진 것으로 유명하다. 사람들은 보통 다양한 정보를 수집한 후에야 정확한 판단을 내릴 수 있지만 장루이민 회장은 종종 남들 눈에 띄지 않은 사소한 일을 그냥 지나치지 않고 전체적인 추세를 정확히 판단해내곤 한다.

장루이민 회장이 베이징 매장을 시찰할 때의 일이다. 그가 매장의 판매직 사원에게 "자네는 지난달에 제품을 몇 대나 팔았지?"라고 물었다. 갑작스러운 질문에 직원은 우물쭈물하며 대답하지 못했다. 장루이민 회장은 이것만으로도 회사의 매출 실적 보고 시스템이 제대로 운영되지 않고 있음을 알아차렸다.

그는 곧장 부사장에게 회사의 매출 실적 보고 체계에 대해 점검하라고 지시했다. 그의 판단대로 판매직 사원이 자신의 질문에 답변하지 못한 것은 그 사원의 잘못이 아니라 회사 내에 전반적인 매출 보고 시스템이 제대로 작동하지 않고 있었기 때문이었다.

사소한 일도 쉽게 지나치지 않고 그것을 통해 전체를 꿰뚫어보
는 지혜가 바로 장루이민 회장의 핵심적인 성공 비결이다.

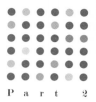

● 계획에 따라
결과는 늘 달라진다

내가 회사 일이 잘 풀리지 않아 의기소침해 있을 때마다 웰스는 내게 이렇게 조언하곤 했다.

"너무 우울해할 필요 없어. 우리 계획은 아주 완벽해. 이제 계획을 그대로 실행에 옮기기만 하면 돼!"

웰스의 긍정적인 말은 언제나 내게 힘이 되었다. 그리고 얼마 후 우리의 계획은 순조롭게 성사되어 결국 그의 말이 옳았음이 증명되곤 했다.

노르웨이의 아문센이 이끄는 탐험대와 영국의 스콧이 이끄는 탐험대가 같은 해에 남극 탐험을 떠났다. 당시만 해도 남극 탐험에 성공한 사람이 한 명도 없었다. 두 탐험대는 인류 최초의 남극 정복이라는 기록을 세우기 위해 서로 경쟁했다.

그런데 아문센 탐험대는 대원 5명으로 이루어졌지만, 스콧 탐험대는 17명이었다. 인원수만 놓고 보면 스콧 탐험대의 성공 확률이 더 높았지만 놀랍게도 결과는 정반대였다. 두 탐험대는 거의 동시에 출발했지만 두 달 후 아문센 탐험대가 먼저 남극점에 도착해 노르웨이의 국기를 남극땅에 꽂았다. 대원 수가 많은 스콧 탐험대는 그보다 훨씬 늦게 남극점에 도착했을 뿐 아니라, 귀환 도중 악천후를 만나 전원 사망하고 말았다. 반면 아문센 탐험대는 한 명의 부상자도 없이 모두 건강하게 귀환했다.

그들의 엇갈린 운명은 두 탐험대의 전략과 사전 준비의 차이에서 비롯됐다는 평가를 받는다. 아문센 탐험대는 대원 수가 적었지만 거의 3톤에 가까운 물품과 식량을 준비했기 때문에 5명이 왕복하는 동안 물자 부족으로 어려움을 겪지 않았다. 반면 스콧 탐험대는 인원수가 훨씬 더 많았음에도 불구하고 그들이 준비한 물자는 1톤밖에 되지 않았다.

이론상으로 보면 1톤의 물자로도 충분히 탐험을 할 수 있었다. 전체 탐험 과정이 모두 순조롭게 진행된다면 말이다. 그러나 그건 어디까지나 이론적인 계산일 뿐이었다. 실제 탐험 과정에서 예상치 못한 난관과 어려움이 시시각각 탐험대의 길을 가로막았다. 물자가 빠듯한 상황에서는 돌발적인 어려움 앞에서 잘못된 판단을 내리기 쉽다. 스콧 탐험대는 충분한 물자를 준비하지 않은 탓에 처음부터 위험을 안고 탐험을 떠난 셈이었다.

두 탐험대의 결과가 이렇게 달랐던 중요한 이유가 하나 더 있다. 아문센 탐험대는 날씨가 좋든 나쁘든 매일 30킬로미터씩만 이동했다. 극한의 환경에서 이렇게 꾸준히 전진하는 것은 결코 쉬운 일이 아니다.

반면 스콧 탐험대는 최초의 남극 탐험을 달성하려는 욕심 때문에 날씨가 좋은 날은 하루에 40~50킬로미터, 심지어 60킬로미터를 이동했지만 날씨가 나쁜 날은 거의 이동하지 못한 채 발이 묶여 있었다. 결국 악천후에 대원들의 인내심과 용기가 고갈되어 전원 사망이라는 비극적인 결말을 맞았다.

이 사례를 보아도 어떤 목표를 잡든 간에 우선 먼저 계획을 수립해야 한다. 내일 해야 할 일이 많다면, 계획부터 세우는 것이 제일 먼저 해야 할 일이자 가장 중요한 일이다.

다음은 계획을 세울 때 고려해야 하는 것들이다.

목표가 무엇인가?

확실한 목표가 있어야 한다. 목표가 모호하거나 아예 없는 사람은 목적지도 없이 항해하는 배처럼 이리저리 떠돌아다니다가 소용돌이에 휩쓸려 침몰하게 된다.

목표를 실현하기 위해 무엇을 해야 할까?

목표를 실현하기 위해 가장 먼저 해야 하는 일이 있다면 일의 경중과 완급을 정확하게 판단하는 것이다. 특히 반드시 해야 하는 일이 무엇이며, 그것들 가운데 자신이 직접 해야 하는 일은 무엇인지, 그리고 남에게 시키거나 곁에서 도움을 주거나 감독만 해도 되는 일은 무엇인지부터 선별해야 한다. 일의 경중과 완급을 정확하게 판단하고 그중 가장 중요한 일에 가장 많은 시간과 정력을 쏟아붓는다면 일의 효율성을 높이고 빠른 시간 내에 성과를 낼 수 있다.

가장 가치 있는 일은 무엇인가?

현재 자신에게 가장 가치 있는 일을 찾아서 가장 많은 시간과 정력을 투자해야 진정한 의미의 성과를 낼 수 있다. 경제학자 파레토(Pareto)가 발견한 '80/20법칙'이 있다. 가장 합리적인 시간 배분 방식은 80퍼센트의 시간을 자신에게 가장 이득이 되는 일에 쏟고, 나머지 20퍼센트의 시간에 중요하지 않은 일을 하는 것이다. 성공한 사람들을 살펴보면 이 법칙에 충실한 사람들이 많다.

가장 큰 만족감을 주는 일은 무엇인가?

자신이 가장 만족할 수 있는 일이 반드시 가장 가치 있는 일은 아니다. 그러나 사람은 자신이 가장 큰 만족감과 행복을 가져다주는 일을 할 때 비로소 열정을 불태울 수 있다. 가치 있는 일과 가장 만족감을 주는 일의 균형점을 찾아서 일하자. 사람은 자신이 흥미 있고 만족스러운 일을 해야만 큰 성과를 내면서도 인생의 즐거움을 잃지 않을 수 있다.

위의 네 가지 질문에 대한 답을 모두 찾았다면, 일의 경중과 완급에 따라 계획을 세우면 된다. 대부분의 사람들이 더 중요한 일이 무엇인지 깊이 생각하지 않고 급한 일부터 먼저 처리하지만 그렇게 해서는 큰 성과를 낼 수 없다. 어떤 일을 먼저 하느냐에 따라 일의 결과가 달라지는 법이다.

일의 경중과 완급에 따라 계획을 확정했다면 그 다음은 계획을 철저히 실행에 옮겨야 한다.

프랑스의 유명한 작가 발자크는 이렇게 말했다.

"누구에게나 가장 큰 재산은 시간이다. 시간이 없으면 그 어떤 것도 소용없다. 시간을 잘 활용하는 것이 성공한 사람들의 가장 두드러진 특징이다."

분명한 계획을 세우고 시간을 효율적으로 이용해 착실하게 실행에 옮긴다면, 긴 세월이 흐른 뒤 어느새 이전보다 훨씬 성장한 자신을 발견하게 될 것이다.

"인내력은 단순한 마음가짐이 아닌, 성공을 위한 필수적인 능력이다."

서양 속담에 "하늘이 사람을 파멸시킬 때는 먼저 그의 이성을 잃게 만든다"는 말이 있다. 이성을 잃은 상황에서 내린 선택이나 결정은 모두 불필요한 부작용을 일으킨다. 사실 우리가 살면서 반드시 극복해야 하는 것은 예상치 못한 어려움이나 곤란이 아니라 통제할 수 없는 자신의 감정이다.

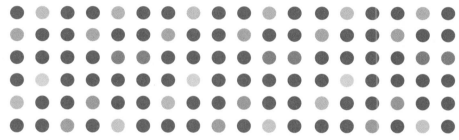

Part 3

시간과 마음을 컨트롤하라

시간

이 세상의 수많은 일들은
우리가 목표를 포기한 후에 나타난다.
조금만 더 참으면 곧 희망의 탐스러운 결실이 나타난다는
확신이 있다면 아무도 포기하지 않을 것이다.

● 충동은 모든 생각과
행동을 해치는 악마다

기다림은 인내의 힘을 깨우는 원동력이다. 참을성 있게 기다려야만 자신이 알고 있는 것과 알 수 있는 것이 얼마나 되는지 정확히 파악하고, 자신의 능력 범위 안에서 최대한 성과를 낼 수 있다. 사람은 기다리는 동안 자기 마음속 목소리에 귀를 기울이고 더 깊이 생각하기 때문이다. 기다림의 시간 동안 다양한 정보를 얻고 자세히 분석해야만 결정적인 순간에 가장 정확한 판단을 내릴 수 있다.

살다 보면 직장에서 인정받으며 열심히 일하고 있는데 동료가 몰래 자기 험담을 하고 다니는 것을 알게 될 수도 있고, 기분이 울적한데 주변 상황마저 잘 풀리지 않아 화가 날 수도 있다. 또 고객에게 친절하게 제품에 대해 설명하고 홍보했는데 고객이 말도 안 되는 트집을 잡을 수도 있다. 누구나 한 번쯤 겪었을 법한 일들이다. 이런 경우 사람들은 쉽게 화를 내고 나중에 후회할 일을 저지르곤 한다.

서양 속담에 "하늘이 사람을 파멸시킬 때는 먼저 그의 이성을 잃게 만든다"는 말이 있다. 이성을 잃은 상황에서 내린 선택이나 결정은 모두 불필요한 부작용을 일으킨다. 사실 우리가 살면서 반드시 극복해야 하는 것은 예상치 못한 어려움이나 곤란이 아니라 통제할 수 없는 자신의 감정이다.

충동적인 행동이 결국 부정적인 결과를 초래한다는 사실은 누구나 알고 있다. 그러나 많은 사람들이 일시적인 충동이 화를 부른다는 것을 알면서도 자신을 억제하지 못하기도 한다.

내게 광고회사에 다니는 한 친구가 있다. 몇 해 전 그가 친구들과 함께 돈을 투자해 의류매장을 열었다. 그는 물론 그의 동업자들 모두 의류업계에 종사한 경험이 없을 뿐 아니라 사업에 대해서는 아는 것이 하나도 없었다. 평소에 가끔 옷을 사러 옷가게에 가본 것이 전부인 그가 친구들에게 경영을 맡기면 될 것이라는 단순한 생각으로 창업에 뛰어든 것이다. 의류매장은 개업하자마자 적자만 내다가 석 달 후 불어나는 적자를 감당하지 못한 채 문을 닫고 말았다. 나중에 그 친구는 내게 이렇게 말했다.

"내가 너무 충동적이었어. 의류 사업을 해본 경험도 없으면서 평소에 옷 고르는 안목이 있다는 것만 믿고 사업에 뛰어든 거야. 그런데 옷을 파는 것과 사는 것은 완전히 별개더군……."

비단 그의 사례만이 아니다. 충동적인 결정으로 창업했다가 손해를 본 뒤 후회막심하는 사람들이 적지 않다. 그러나 돈을 버는 기회는 충동적으로 결정을 내리는 사람이 아니라 착실히 실력을 쌓고 철저히 준비한 사람에게 주어진다는 사실을 명심해야 한다.

성공하고 싶다면 준비해야 할 것이 아주 많다. 경험, 기술, 인맥 등이 모든 요건이 충분히 갖추어진 후에 철저한 계획을 통해 실행에 옮겨야 한다. 일시적인 충동으로 중대한 결정을 내린다면 결과는 오로지 하나, 실패뿐이다. 자기 마음속에 살고 있는 충동심이라는 악마를 잘 다스릴 줄 알아야 한다.

● 기다림은 인내의 힘을
깨우는 원동력

전설적인 세일즈맨이 있었다. 그는 나이가 들어 현직에서 은퇴하기로 한 후 마지막 강연회를 열기로 했다. 강연회가 열리던 날 수많은 사람들이 그의 강연을 듣기 위해 강연장이 마련된 대형 체육관으로 모여들었다. 앞에서 서서히 막이 오르자 무대 중앙에 커다란 지지대가 세워져 있고 지지대에 큰 쇠공이 달려 있는 것이 보였다.

강연회의 주인공인 노선생이 무대 위로 올라왔다. 붉은 운동복에 흰 운동화를 신은 모습에서 나이를 뛰어넘는 생기와 에너지가 느껴졌다. 강연회장을 가득 채운 청중들이 뜨거운 박수로 그를 맞이했다. 노선생이 조용히 무대 중앙에 있는 지지대 옆에 섰다.

강연장이 차츰 조용해졌다. 사람들은 그가 무엇을 하려는지 이해할 수 없어 그저 그를 바라보기만 했다.

진행요원 두 사람이 커다란 철 망치를 들고 무대 위로 올라오자 진행자가 말했다.

"선생님을 도와줄 건장한 청년 두 명만 앞으로 나와 주십시오."

청년 두 명이 무대 위로 나오자 노선생은 두 사람에게 철 망치로 쇠공을 움직일 때까지 힘껏 쳐달라고 했다.

한 청년이 망치를 들고 쇠공을 세게 두드렸다. 한 번, 두 번, 세 번……. 쩌렁쩌렁한 굉음이 강연장을 가득 메웠다. 그런데 어찌된 일인지 쇠공은 꿈쩍도 하지 않았다. 지친 청년이 다른 청년에게 망치를 건넸다. 두 번째 청년이 쇠공을 힘껏 두드렸다. 이번에는 청중들까지 박수로 응원을 보냈다. 노선생은 두 청년을 자리로 돌려보냈다. 청중석이 점점 조용해지고, 모두들 노인이 무슨 이야기를 할지 숨죽이고 기다렸다.

그런데 노선생은 아무 말 없이 윗옷 주머니에서 작은 망치를 꺼내 쇠공을 '땅' 하고 두드리는 것이었다. 잠시 후 노선생이 다시 쇠공을 쳤다. 청중들은 영문을 알 수 없었다. 10분, 20분이 흘러도 노선생은 말없이 쇠공을 두드리기만 했다. 실망한 사람들이 하나둘씩 강연장을 빠져나가기 시작했다. 자리에 남아 있는 사람들도 지쳐서 더 이상 응원하지 못하고 조용히 노선생을 지켜보기만 했다.

40분이 흘렀을 때 맨 앞자리에 있던 누군가가 외쳤다.

"저기 봐! 공이 움직여!"

그 순간 모든 사람들의 시선이 쇠공으로 향했다. 정말로 움직이고 있었다. 아주 미미하지만 쇠공이 정말로 움직이기 시작했다. 청중석에 고요한 긴장감이 흘렀다. 노선생은 지금까지와 똑같은 간격으로 계속 쇠공을 쳤고, 시간이 흐를수록 쇠공의 흔들림은 점점 커지더니 이내 시계추처럼 힘 있게 진자운동을 했다.

노선생이 작은 망치를 주머니에 집어넣으며 마침내 입을 열었다.

"결과를 기다릴 줄 아는 인내심이 없다면 일생 동안 실패를 피할 수 없을 것입니다."

기다림은 인내의 힘을 깨우는 원동력이다. 참을성 있게 기다려야만 자신이 알고 있는 것과 알 수 있는 것이 얼마나 되는지 정확히 파악하고 자신의 능력 범위 안에서 최대한 성과를 낼 수 있다. 노선생의 사례가 이를 잘 보여준다. 그 누구도 쇠공의 움직임을 쉽게 예측하지 못했지만 쇠공이 움직일 때까지 묵묵히 자신의 일을 계속했던 노선생의 인내가 결국 쇠공을 움직이게 만들었다.

● 훌륭한
시간 계획자가 돼라

    물론 무조건 때를 기다리기만 한다고 성공하는 것은 아니다. 효과적인 '인내 전략'을 수립하고 언제까지 기다릴 것인지 시간 계획을 세워야만 성공할 수 있다.

    많은 사람들이 시간과 관련해 이런 문제점을 안고 있다.

    첫째, 계획한 대로 행동하지 못한다.

    둘째, 여가시간을 효과적으로 이용하지 못한다.

    셋째, 업무효율이 너무 낮다.

    넷째, 시간을 적절하게 안배하지 못한다.

    다섯째, 생각만큼 충실한 생활을 하지 못한다.

    여섯째, 구체적인 전략 없이 생활한다.

    이런 문제들이 실패를 낳고 인생에서 계획한 일들을 번번이 뒤로 밀리게 한다. 이런 문제를 해결하기 위해서는 시간을 통제하는 것이 가장 중요하다.

먼저 계획을 세울 때 기한을 설정해놓고 기한 내에 계획을 완수해야 한다. 먼저 장기적인 목표를 세워놓고 그 계획을 여러 개의 중기 계획과 단기 계획으로 나눈 후 각각의 계획을 언제까지 완수할 것인지 기한을 정하는 것이다. 단기 계획이 여러 개 쌓이면 중기 계획이 완성되고, 중기 계획이 여러 개 쌓이면 장기 계획이 완성된다.

1984년 일본 도쿄에서 열린 국제마라톤대회에서 일본 선수 야마다 모토이치가 우승을 차지했다. 우승 후보로 거론조차 되지 않았던 무명의 선수가 우승을 차지하자 전 세계가 놀라워하며 그 비결이 무엇인지 궁금해했다. 나중에 그는 자신의 자서전에서 자신의 우승 비결에 대해 이렇게 썼다.

'나는 매번 시합이 열리기 전에 차를 타고 마라톤 코스를 자세히 돌아보면서 눈에 띄는 표지를 정해 수첩에 그려둔다. 예를 들어 처음에는 은행을 표지로 삼았다면 그 다음은 큰 나무, 그 다음은 빨간색 집 등등. 이런 식으로 결승점까지 미리 가보는 것이다. 경기가 열리면 나는 제일 빠른 속도로 첫 번째 목표를 향해 달린다. 목표에 도착하면 다시 같은 속도로 두 번째 목표를 향해 달린다. 40여 킬로미터의 코스를 작은 목표로 작게 나누어서 달리면 비교적 쉽게 완주할 수 있다. 만일 내가 처음부터 40여 킬로미터 밖에 있는 결승점의 깃발을 목표로 삼았더라면 너무 멀리 떨어진 목표에 지쳐 10킬로미터도 달리지 못하고 쓰러졌을 것이다.

정확한 목표를 세우는 것보다는 그 목표를 실현하는 것이 훨씬 어렵다. 목표가 너무 크면 단기간에 실현할 수 없다는 상실감과 피로감에 지쳐 쉽게 포기하게 된다. 큰 목표를 여러 개의 작은 목표로 나누어 실천하는 것은 성공 확률을 높일 수 있는 효과적인 방법이다.'

● 불확실성에 대한 투자

　낙타 한 마리와 단둘이 사는 노인이 있었다. 그는 금광을 찾아내 겠다는 일념으로 30년 동안 날마다 낙타를 타고 사막을 돌아다녔 다. 어느 날 그 마을의 경찰 두 명이 낙타를 타고 사막을 질주하는 노인을 보고 호기심이 동했다. 젊은 경찰이 나이 든 경찰에게 물 었다.

　"저 노인은 참 할 일이 없나 봅니다. 그러니 매일 저렇게 쉬지도 않고 돌아다니는 거죠. 이 사막에 금광이 있으면 30년 동안 못 찾 았을 리가 없잖아요."

　나이 든 경찰이 말했다.

　"저 노인이 하는 일이 바로 사막에서 금광을 찾는 거라네. 30년 동안 자기 꿈을 위해 달리고 있잖나. 저 노인이 포기하지 못하는 건 금광 찾기를 포기하는 순간 지난 30년의 세월이 무의미해지기 때문이야. 혹시 알아? 내일 저 노인이 금광을 발견하게 될지. 포기하지 않고 노력하는 한 희망은 사라지지 않는 거야."

이 세상의 수많은 일들은 우리가 목표를 포기한 후에 나타난다. 조금만 더 참으면 곧 희망의 탐스러운 결실이 나타난다는 확신이 있다면 아무도 포기하지 않을 것이다. 불투명한 미래 때문에 우울해질 때마다 나는 이 노인의 이야기를 떠올리곤 한다. 30년 동안 금광을 찾아 헤맨 노인의 집념은 우리에게 신념을 버리지 않는다면 곧 희망을 찾을 수 있다는 진리를 새삼 일깨워준다.

그러나 신념을 포기하지 않고 추구하는 것은 그리 쉬운 일이 아니다. 사람들은 어려움이 닥치면 신념을 쉽게 포기하곤 한다. 근본적인 이유는 신념이 마음속에 단단히 뿌리내리지 못했기 때문이다. 자기 내면이 아니라 외부 환경만을 바탕으로 세워진 신념은 외부 환경이 변화하면 원동력을 잃고 무너질 수밖에 없다.

그러므로 어떤 어려움이 닥치든 자신이 진정으로 원하는 것이 무엇인지부터 정확하게 알아야 한다. 사소한 문제인 듯하지만 사실 문제의 근원은 바로 여기에 있다. 꾸준히 지속할 수 있는 끈기와 인내심만이 이상에 불을 환히 밝힐 수 있기 때문이다. 결과가 어떻든 멈추지 않고 원하는 것을 꾸준히 할 수 있는 신념과 용기가 당신을 끝까지 지켜줄 것이다. 지금 좌절하는 것을 멈춘다면 희망은 바로 다음 순간에 나타날 수 있다는 것을 명심하자.

우리가 살면서 만나는 기회들 중에는 좋은 기회인지 나쁜 기회인지를 판단하기 힘든 것들이 많다. 기회는 사람들에게 균등하게 찾아오지만 그것을 놓치지 않고 붙잡아 성공의 발판으로 만들 수 있을 것인지는 눈에 보이지 않는 불확실한 것들인 시간과 정력 등을 얼마나 용기 있게 투자하느냐에 달려 있다.

누구든 마음속으로 성공을 갈망하고 현재의 정력과 시간을 미래의 성공에 베팅할 수 있기를 바란다. 그러나 이것은 결코 쉬운 일이 아니다. 가장 어려운 것은 노력하는 과정에서 겪은 고통과 기다림이 아니라 자신이 성공할 때까지 얼마나 버틸 수 있을 것인가 하는 '불확실성'이다. 많은 사람들이 이런 고통이 두려워 기회를 포기하고 평범하게 살아간다.

만약 당신에게 전망 좋은 창업의 기회와, 공직에서의 탄탄대로가 동시에 찾아온다면 당신은 어떤 선택을 할 것인가?

다음은 인터넷게임 업체 쥐런(巨人)의 스위주(史玉柱) 회장의 이야기다.

스위주는 1984년 수학과를 졸업했다. 그는 졸업하자마자 통계국으로 발령받아 근무하게 되었다. 당시는 대학 졸업생이 많지 않았고, 스위주는 뛰어난 능력을 인정받아 1986년 통계국 간부로 전격 승진되었으며, 소프트웨어과학관리과 대학원에서 위탁교육을 받게 되었다. 주위에서는 스위주가 공직에서 승승장구하며 높은 직위까지 올라 성공할 것이라고 생각했다. 그런데 대학원에서 소프트웨어 개발 기술을 처음 접한 스위주는 뜻밖에도 창업에 대한 열망이 싹트기 시작했다.

전도유망한 통계국 간부 신분을 버리고 성공을 장담할 수 없는 창업의 길로 뛰어든다는 것은 크나큰 모험이었다. 하지만 스위주는 주위의 만류에도 불구하고 사표를 내고 창업을 하기로 했다.

물론 충동적인 선택은 아니었다. 1980년대 중반 중국에선 개인용 컴퓨터가 차츰 보급되면서 소프트웨어 산업이 막대한 잠재력을 가지고 있었다.

당시 스위주가 가진 것은 대학원 시절 직접 개발한 소프트웨어와 창업자본금으로 마련한 4000위안뿐이었다. 그는 허름한 사무실을 얻어 회사를 차렸다. 컴퓨터가 한 대도 없어 고객에게 자신이 만든 소프트웨어를 시연해줄 수도 없는 것이 가장 큰 문제였다.

하지만 그의 열정을 꺾을 수 있는 것은 없었다. 당시 그가 가진 돈으로는 제일 싼 8000위안짜리 컴퓨터도 살 수 없었다. 그는 컴퓨터 매장에 가서 1000위안을 더 얹어주는 대신 외상으로 사고 돈은 보름 후에 주겠다고 했다. 매장 주인은 고민 끝에 그의 제안을 받아들였다.

컴퓨터를 구하고 난 뒤 스위주는 컴퓨터 잡지에 광고를 냈다. 광고비 역시 소프트웨어 저작권을 담보로 걸고, 광고가 나간 후 보름 후에 지급하겠다고 했다.

자신이 가진 모든 것을 내놓고 베팅한 후 기다림과 고통의 시간이 시작되었다. 12일 동안 그의 소프트웨어를 사겠다는 사람이 한 명도 나타나지 않았다. 그런데 마침내 13일째 되던 날 광고 효과가 나타났다. 소프트웨어를 세 명에게 팔아 하루 만에 1만 5820위안을 번 것이다. 그 후 단 두 달 만에 그는 무려 10만 위안을 벌었다. 그런데 스위주의 과감한 베팅은 여기에서 끝나지 않았다. 그는 두

달간 번 10만 위안을 모두 광고비로 사용했다. 넉 달 후 그는 100만 위안의 수입을 올렸다.

기적과도 같은 이야기다. 만약 당시 보름 동안 스위주가 컴퓨터 값과 광고비를 벌지 못했다면 어떻게 되었을까? 스위주는 이 질문에 이렇게 대답했다.

"시장과 나의 제품에 대해 절대적인 믿음이 있었습니다."

스위주의 성공 스토리가 마치 영화 속에나 나올 법한 이야기처럼 들리지만 사실 그의 과감한 베팅은 자기 능력과 안목에 대한 정확한 판단이 뒷받침된 것이었다. 그의 결정은 언제나 깊은 고민과 사전 조사를 거쳐 이루어졌다.

어떤 일에 자기가 가진 모든 것을 걸고 베팅할 때는 그 속에 어떤 불확실한 요소들이 있는지 잘 살펴야 한다. 그렇지 않으면 도박과 다를 바 없다.

어떤 결정을 하든 불확실한 요소들이 수없이 많다. 모험과도 같은 과감한 결단을 내려야 할 때는 아래와 같은 불확실한 요소들을 점검해볼 수 있어야 한다.

첫째, 환경 판단의 불확실성이다. 어떤 결정을 하든 환경을 정확하게 판단하는 것은 제일 먼저 해야 하는 일이다. 외부 환경이 자신이 분석한 것과 일치하지 않는다면 그 결정을 지탱하고 있는 기반 자체가 흔들리게 된다. 환경에 대한 판단이 빗나가는 경우는 대부분 수집한 정보가 완전하지 못하거나 분석 능력이 떨어지거나, 아니면 외부에서 돌발적인 사건이 나타났을 때다.

둘째, 능력의 불확실성이다. 여기에서 능력이란 개인이나 기업의 실행 능력을 의미한다. 자기 능력이 부족하거나 기업의 자원이 부족한 경우 또는 자기 통제력이 부족한 경우 목표 실현 여부를 장담할 수 없다.

셋째, 경쟁의 불확실성이다. 경쟁 상대와 전략이 비슷하거나 충돌할 경우 경쟁에 불확실성이 증가한다.

물론 현실에는 이보다 훨씬 더 많은 불확실성이 존재한다. 많은 기업 경영자들이 기업의 가장 큰 적은 기업 자신이라고 말한다. 이는 전략을 결정할 때 불확실한 요인들이 수없이 많음을 의미하는 것이다. 그러나 불확실성에 대해 너무 걱정할 필요는 없다. 스위주처럼 외부 환경의 커다란 흐름을 정확하게 판단한다면, 적어도 크게 실패하는 일은 없을 것이다.

환경 판단의 불확실성을 최소화하기 위해 우리가 할 수 있는 일은 최대한 많은 정보를 수집해 자신의 가치를 정확하게 판단하는 것이다. 환경에 대한 잘못된 판단으로 실패하는 경우 대부분 데이터나 정보를 충분히 수집하지 않았기 때문이다. 문제의 본질을 정확하게 파악하지 못하면 잘못된 판단을 내릴 수 있다.

자기 능력의 불확실성은 어떤 마음가짐을 갖느냐와 밀접한 관계가 있다. 자신의 능력을 과대 또는 과소평가하거나 이미 존재하는 문제를 모른 척하는 것은 모두 마음가짐의 문제다. 객관적이고 겸손한 태도로 자신의 현재 상황을 판단한다면 불확실성을 최소화할 수 있다.

● 인내를 전략으로 만드는
몇 가지 수칙

　록펠러는 자기 아들에게 편지를 보낼 때마다 인내심의 중요성을 강조했다.

　록펠러가 처음 사업을 시작했을 때 자금이 부족해 가드너라는 부자로부터 투자를 받았다. 가드너의 투자 덕분에 록펠러는 자금 걱정 없이 자신이 하고 싶은 사업을 할 수 있게 되었다.

　그런데 가드너는 그리 호락호락한 인물이 아니었다. 그는 중요한 투자자로서 회사에 강한 입김을 발휘했다. 동업자들은 상의 끝에 클라크 앤드 록펠러라는 회사 명칭을 클라크 앤드 가드너로 바꾸기로 결정했다. 유명인사인 가드너의 이름을 회사 명칭에 사용하면 인지도를 높일 수 있다는 이유 때문이었다. 록펠러에게는 치욕스러운 결정이었다.

　이 일로 록펠러는 자존심에 큰 상처를 입었지만 참기로 했다. 아직 갈 길이 멀기 때문에 아직은 인내하며 평정심을 유지해야 한다고 자신을 다독였다.

젊은 록펠러는 아무렇지 않은 듯 동업자들에게 "좋소. 나도 동의하겠소"라고 말했지만 사실 새빨간 거짓말이었다. 자존심에 심각한 상처를 입은 사람이 어떻게 그런 관용을 베풀 수 있었을까? 그러나 록펠러는 정말로 해냈다. 그는 마음속에서 치솟는 분노의 불길을 차가운 이성으로 덮어 꺼버렸다. 그는 이 순간을 참아내는 것이 자신에게 유리하다는 사실을 알고 있었기 때문이다.

그는 맹목적으로 참기만 한 것이 아니었다. 치밀하게 사업 계획을 세우고 예전과 다름없이 지칠 줄 모르는 열정으로 열심히 일했다. 마침내 3년 후 그는 가드너와 결별하고 회사의 명칭을 클라크 앤드 록펠러라는 원래 명칭으로 되돌렸다. 그는 이미 사람들에게 존경받는 기업인이 되어 있었다.

인내력이란 무조건 참는 것도 아니고, 비굴하게 굴복하는 것도 아니다. 인내는 일종의 전략이자 단련이다.

인내력을 기르기 위해 가장 중요한 것은 어떤 일이 닥쳤을 때 냉정한 이성을 잃지 않는 것이다. 충동적으로 성급하게 내린 결정은 잘못된 결정인 경우가 많다. 성급한 결정으로 실수를 저지르지 않으려면 다음의 몇 가지 수칙을 명심하라.

1. 미리 세심하게 준비해야 돌발 상황이 일어났을 때 당황하지 않을 수 있다.
2. 한 가지 일을 끝내기 전에 다른 일을 시작하지 마라. 한 가지

일에 모든 자원을 쏟아라.

3. 너무 어려운 일을 혼자서 하지 마라. 너무 어려우면 인내심을 잃기 쉽다.

4. 자신이 좋아하는 일을 해야 성공할 때까지 포기하지 않고 노력할 수 있다. 여러 번의 성공으로 자신감이 생기면 인내심도 함께 길러질 것이다.

5. 집중력과 효율을 떨어뜨리는 일을 멀리하라.

6. 꾸준한 운동으로 체력을 기르라. 운동을 통해 지구력과 인내심을 기를 수 있다.

7. 나이가 들어서도 꾸준히 즐길 수 있는 취미활동을 찾아라. 테니스, 골프, 수영, 낚시 등등 어떤 것이든 상관없다. 건강한 신체가 인내력의 바탕이 된다.

8. 긴장감이 수반되는 두뇌노동을 많이 하라. 이를 통해 스트레스에 대한 저항력을 길러 스트레스가 심한 상황에서도 이성적으로 일할 수 있는 능력을 얻을 수 있다.

9. '기다림'의 중요성을 자신에게 끊임없이 주입하라.

10. 쉬운 것부터 시작해서 스스로에게 임무를 부여하고, 그 임무를 달성했을 때 자신에게 선물을 주라. 새 옷을 사도 좋고 근사한 만찬을 즐겨도 좋다. 이에 맞추어 자신에게 보상을 준다면 점차 인내심을 기를 수 있을 것이다.

11. 이유를 찾아라. 시간이 오래 걸리고 힘든 일을 도저히 계속해 나갈 수 없다면 포기해야만 하는 이유를 찾아야 한다. 그 이

유는 결코 누구도 반박할 수 없는 확실한 이유여야 한다. 그
런 이유를 찾아내지 못했다면 포기하지 말고 계속 노력하라.

12. 자신에게 적당히 힘든 상황을 만들어 현재의 능력을 넘어서
는 일에 도전하라. 실패를 두려워하지 말고 해낼 수 있다고
믿어라.

충동적인 행동은 인생의 가장 큰 적이다. 남들이 참지 못하는 것
을 참아낼 수 있어야만 남보다 성공할 수 있다. 인내는 자신을 보
호하는 방법이다.

"인내력은 단순한 마음가짐이 아닌, 성공을 위한 필수적인 능력이다."

현명한 사람들은 자신의 감정과 자아를 겉으로 드러내지 않는다. 그들은 남을 무시하거나 자기 중심적인 생각을 갖지 않으며 작은 행동을 통해 상대가 동질감을 느낄 수 있도록 유도한다. 동료와 대화를 나눌 때 '나'보다는 '우리'라는 표현을 많이 쓰는 것도 동료들과의 거리를 좁히고 자기 편으로 만들 수 있는 좋은 방법이다.

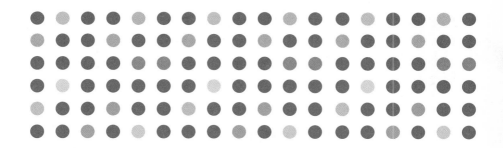

1인자의 뒤에서 기회를 엿보라

관계

성공하는 사람들은 상대와의 관계를
자신만의 방식으로 구축해 나간다.

● 나에게 유리한
관계를 정립하라

　언제까지 살 것인지 선택할 수 있는 사람은 없지만 어떻게 살 것
인지는 스스로 선택할 수 있다. 어떤 업종을 선택하든, 어디에 있
든 성공한 사람들은 모두 자기 인생의 범위를 최대한 넓히기 위해
노력한다. 남에게 도움을 주고 누군가를 위해 희생하는 것도 사실
은 인생을 넓히는 한 가지 방법이다.

　예전에 롤스로이스 중국지사 대표와 이야기를 나누던 중에 그가
이런 말을 했다.

　"우리 고객들 중 대부분이 민영기업을 경영하는 사장인데 그들
의 평균 연령이 서른 살입니다. 다들 젊죠."

　요즘 중국에서 젊은 나이에 크게 성공한 사람들이 많다. 그런데
그들이 남들보다 훨씬 뛰어난 재능을 가지고 있을까? 꼭 그런 것
은 아니다. 그들보다 학력이 높고 경력이 풍부하지만 평범한 직장
인으로 머물러 있는 사람들도 있다. 그렇다면 그 차이는 어디에서

오는 걸까?

짐과 잭은 비슷한 시기에 한 슈퍼마켓에 취직했다. 두 사람은 똑같이 말단 판매원으로 시작했지만 얼마 되지 않아 잭이 사장의 신임을 받아 슈퍼마켓 지배인으로 발탁되었다. 그때까지도 말단 판매원 신세를 벗어나지 못하고 있던 짐이 사장을 찾아가 항의했다. 사장은 화난 기색 없이 짐의 불평을 다 들어주었다. 그런데 사장이 가만히 보니 짐은 자신이 잭에 비해 무엇이 부족한지 모르는 것 같았다.

사장이 말했다.

"짐, 지금 도매시장에 가서 오늘 어떤 물건들을 팔고 있는지 알아보고 오게."

짐이 얼마 후 돌아와 사장에게 말했다.

"감자만 팔고 있었습니다."

사장이 물었다.

"한 트럭에 대략 몇 자루가 실려 있었지?"

짐은 머뭇거리다가 다시 도매시장으로 달려갔다.

얼마 후 돌아온 짐이 말했다.

"한 트럭에 열 자루가 실려 있습니다."

사장이 또 물었다.

"가격은 얼마지?"

짐은 또 대답하지 못하고 도매시장으로 달려갔다.

얼마 후 숨을 헐떡이며 돌아온 짐에게 사장이 말했다.

"잭은 어떻게 하는지 한번 지켜보겠나?"

사장이 잭을 불러 짐에게 시켰던 것과 똑같이 도매시장에 가서 오늘 어떤 물건을 파는지 알아보고 오라고 했다.

잠시 후 잭이 돌아왔다. 그는 사장이 묻기도 전에 감자의 양과 가격을 상세하게 보고하더니 주머니에서 토마토를 몇 개 꺼내며 말했다.

"오늘 감자를 팔러 온 농부가 내일은 토마토를 팔 거라고 합니다. 가격이 저렴해서 샘플로 몇 개 가져다달라고 했습니다. 살펴보시고 결정하세요. 농부가 지금 슈퍼마켓 앞에 트럭을 세워놓고 사장님의 결정을 기다리고 있습니다."

옆에 있던 짐이 부끄러움에 얼굴이 벌겋게 달아올랐다.

성공하지 못하는 사람들의 가장 큰 실수는 자신이 성공한 사람과 어떤 차이가 있는지 깨닫지 못하는 것이다. 자신과 성공한 사람들 사이의 차이를 발견하고 그 차이를 줄여나간다면 성공과의 거리도 점점 좁힐 수 있다. 성공하는 사람들은 상대와의 관계를 자신만의 방식으로 구축해 나간다. 아래 가장 기본적인 것만 소개한다.

첫째, 상대의 이름을 기억하라.

인간관계에서 상대의 이름을 기억한다는 것은 상대에 대한 존중을 의미한다. 사람은 누구나 자기 이름이 남들에게 기억되고 알려지기를 바란다. 유명한 관광지나 산에서 '○○가 여기 다녀감' 같은 낙서를 흔하게 볼 수 있는 것도 자기 이름을 알리고 싶은 사람의 심리에서 비롯된 것이라고 한다. 현명한 사람들은 사람의 이런 심리를 잘 알고 누구를 만나든 이름을 기억하기 위해 각별한 노력을 기울인다.

첫 만남에서 이름을 기억한 후 두 번째 만났을 때 아무렇지도 않게 가볍게 그 이름을 불러주어야 한다. 이 방법은 사소한 듯하지만 매우 큰 효과를 발휘한다. 이렇게 하면 상대는 자신이 존중받고 있다는 생각에 당신에게 호감이 생기고 원만한 관계를 맺으려고 할 것이다.

둘째, 상대로 하여금 당신을 위해 기꺼이 무언가를 하게 하라.

강철왕으로 불리는 앤드루 카네기는 사실 철강 생산에 대해 아는 것이 별로 없었다. 그의 회사에서 일하는 수백 명의 직원이 철강에 대해서는 그보다 훨씬 더 잘 알고 있었다. 그런데도 카네기가 강철왕으로 세계적인 성공을 거둘 수 있었던 것은 그가 남들과 어떻게 교류해야 하는지 잘 알고, 남들이 자신을 위해 기꺼이 일하도록 만들었기 때문이다. 카네기는 열 살 때 이미 누구나 자신의 이름을 중요하게 생각한다는 사실을 깨달았다.

카네기가 열 살 때 새끼를 밴 토끼 한 마리를 얻었다. 토끼를 키운 지 얼마 되지 않아 새끼 토끼들이 태어났다. 그런데 토끼들에게 줄 먹이를 살 돈이 없었다. 카네기는 궁리 끝에 좋은 아이디어를 생각해냈다. 이웃 아이들에게 새끼 토끼에게 줄 풀을 뜯어오면 가장 많이 뜯어온 아이의 이름을 따서 새끼 토끼의 이름을 지어주겠다는 것이었다. 카네기의 제안에 마을 아이들은 토끼에게 자신의 이름을 붙여주기 위해 들판을 누비며 풀을 뜯어 왔고, 그 덕분에 카네기는 먹이 걱정 없이 토끼들을 기를 수 있었다.

누군가 자신을 위해 어떤 일을 해주기를 바란다면 그가 기꺼이 그 일을 하도록 만들 방법을 고민해야 한다. 강요하거나 입에 발린 말로 대신하려 하지 말고 상대에게 그가 필요로 하는 무언가를 준다면 상대는 기꺼이 당신을 위해 일할 것이다.

셋째, 타인의 심리를 정확하게 포착하고 잘 이용하라.

어느 주말 사람이 붐비는 광장에 구두닦이 소년 둘이 나타났다. 두 소년은 초조하게 또는 무료하게 누군가를 기다리고 있는 사람들 사이를 누비며 손님을 끌었다.

한 소년은 사람들에게 다가가 이렇게 말했다.

"아저씨, 구두를 닦으세요! 멋진 기술로 구두를 반짝반짝 광이 나게 만들어드릴게요!"

다른 소년은 이렇게 말했다.

"아저씨, 데이트 하러 가기 전에 구두를 닦으셔야죠!"

두 번째 소년에게는 구두를 닦겠다는 사람들이 몰려들었지만 첫 번째 소년은 손님이 없어 광장을 빈둥거리며 돌아다녀야 했다.

왜 그랬을까?

원인은 아주 간단하다. 두 번째 소년이 '아름다움'을 좋아하는 인간의 본성을 이용했기 때문이다. 데이트를 하러 가는 남녀는 누구나 상대에게 깔끔한 인상을 주기를 바라는 법이다. 소년은 이 점을 알고 잘 이용했기 때문에 손님들이 기꺼이 구두를 닦게 만들 수 있었다.

● 빠르게 발전할 수 있는 '2인자 전략'

현재 나의 모습이 남들에 비해 부족한 것을 깨달았다면, 이를 따라잡고 또 뛰어넘기 위해 고민해야 한다. 어떻게 해야 단시간 내에 부족함을 채울 수 있을지 잘 모르겠다면 '모방'이 효과적인 방법이 되어줄 것이다.

IBM은 세계적으로 유명한 '모방자'다. IBM은 직접 신제품을 개발하지 않고 다른 기업이 신제품을 발표하면 시장의 반응을 자세히 살펴본 후 그 제품보다 더 소비자들의 구미에 맞춘 '신제품'을 발표한다. 그들의 '신제품'은 우선 경쟁사 제품의 장점을 다 갖추고 일부만 약간 개선했을 뿐이지만 시장에서 경쟁사 제품에 비해 훨씬 좋은 평가를 받는다.

사람들은 '모방'을 부끄럽고 부도덕한 일이라고 생각하지만 사실 모방은 단순히 따라 하는 것만을 의미하는 것이 아니다. 진정한 모방이란 상대의 강점과 자신의 약점이 무엇인지 정확하게 파악하고 상대의 강점을 배워 자신의 부족함을 개선하는 과정이다. 성공한 사람들 중에는 '모방'을 통해 자신을 빠르게 발전시키고 성공을 거머쥔 사람들이 많다.

모방의 궁극적인 목적은 상대의 장점을 본받아 자신의 약점을 고치고 끊임없이 발전해나가는 데 있다. 단순히 남을 따라 하는 것이 아니라 모방을 바탕으로 혁신을 실현해야 경쟁에서 진정한 승자가 될 수 있다.

중국의 패션업계가 선진국과의 경쟁에서 번번이 패배하는 것은 근본적으로 진정한 모방의 의미를 모르기 때문이다. 그들은 서양의 유명 브랜드 제품을 단순히 베끼고 따라가기만 할 뿐 모방을 바탕으로 창의력을 발휘해 혁신을 실현하지 못한다. 또한 어느 한 곳만 모방하는 것이 아니라 그때그때 시장의 유행에 따라 모방 대상을 바꾸기 때문에 자기만의 독창적인 분위기를 갖지 못해 시장에서 외면당한다.

모방을 통해 성공하기 위해선 반드시 알아야 할 점이 있다.

첫째, 모방하기 전에 남들의 성공 원인을 자세히 분석해야 한다. 모방하려는 상대의 성공 비결과 상대의 단점까지 모두 파악해야만 모방전략이 진정으로 효과를 발휘할 수 있다.

둘째, 상대의 제품이 어떤 장점과 약점을 가지고 있으며 그들 기업이 어떤 메커니즘을 가지고 있는지 정확히 알아야 한다. 성공한 사람들을 모방하기 위해서는 상대의 성공 요인과 최대 경쟁력이 무엇인지 그들 자신보다도 더 자세히 분석하고 정확하게 파악해야 한다.

셋째, 부지런히 배우고 연구해야 한다. 상대의 성공 비결을 배우고 연구하고 시장에 적용해야만 최소의 노력으로 최대의 효과를 거둘 수 있다. 너무 멀리 뒤처지지 말고 성공한 사람들 뒤에서 한 걸음 또는 반걸음의 거리를 유지하며 바짝 따라가야만 탄탄한 실력을 쌓았을 때 상대를 쉽게 앞지를 수 있다.

대만 기업계에 '2인자 전략'이라고 불리는 경영철학이 있다. 1등도 3등도 아닌, 1등의 뒤를 바짝 붙어 추격하는 2등이 되라는 것이다. 그래야만 적은 노력으로도 큰 성과를 거두면서 경쟁력을 쌓고 결정적인 순간에 1등을 추월할 수 있다. 특히 이 '2인자 전략'은 규모가 작고 자본금과 기술력이 탄탄하지 않은 기업들이 빠르게 발전할 수 있는 가장 효과적인 방법이다.

작은 기업들은 '반 박자 늦게' 달리며 위험을 줄이고 강자를 바람막이로 삼아야 빠르게 성공할 수 있다.

모방이 성공하기 위해서는 경영자의 능력도 결정적인 역할을 한다. 다음은 우리 주변에서 흔히 볼 수 있는 경영자의 세 가지 유형이다.

예리한 안목을 지닌 경영자
정확한 판단력과 예리한 안목을 가진 경영자는 미래를 예견하고 자신의 객관적인 조건과 상황에 맞추어 자신에게 가장 유리한 선택을 한다. 따라서 그들은 남들보다 비교적 쉽게 목표를 달성할 수 있다.

이익을 위해 과감하게 모험하는 경영자

이런 경영자들은 이익을 최우선으로 여기기 때문에 리스크를 무시하고 과도한 모험을 즐긴다. 그러나 이런 위험한 모험은 대부분 실패로 막을 내린다.

보수적이고 우유부단한 경영자

이런 경영자들은 리스크를 예견하고 신중하게 행동한다는 장점은 있지만 계속 관망하기만 할 뿐 섣불리 시장에 뛰어들지 못한다. 이런 사람들은 경영자보다는 기획자로 더 적합하다.

모방의 진정한 의미를 알고 모방을 통해 성장하기 위한 준비를 갖추었다면 이제 어떤 방식으로 상대를 추격해 따라잡을 것인지 결정해야 한다. 자신이 뛰어들려는 시장이 어떤 단계에 있는지에 따라 모방전략도 달라져야 한다.

시장이 형성된 후 성숙기로 접어들기 직전

상대를 추격하기에 가장 좋은 시기는 우수한 신제품이 점점 성숙기로 접어들면서 막 시장을 장악하려고 할 때다. 이때 맹렬한 기세로 상대를 추격하면 큰 효과를 얻을 수 있다. 추격에 성공하기 위해서는 경영자의 정확한 판단력과 예민한 후각, 과감한 결단력이 필수적이다. 그렇지 않으면 아무리 좋은 기회가 찾아와도 붙잡을 수 없다. 이 시기에 가장 모방하기 쉬운 것은 마케팅 방식이다. 마케팅 방식에는 특허가 없다. 게다가 이 시기에는 아직 관망하거나 망설이고 있는 기업들이 많기 때문에 기회가 왔다고 판단되면 과감하게 행동해 기회를 선점해야 한다.

타 업체들이 경쟁적으로 뛰어드는 시기

다른 업체들도 시장의 잠재력을 확인하고 앞 다투어 시장으로 진입하는 시기다. 이때는 디테일한 부분에서 다른 업체들과의 차별화를 통해 승부해야 한다. 비슷한 제품이 시장에 쏟아져 나오고 있기 때문에 성공한 제품을 그대로 모방해서는 경쟁력을 가질 수 없으며 타사 제품에는 없거나 부족한 무언가를 갖추어야만 시장에서 성공할 수 있다.

시장 성숙기

이 시기에는 모방과 추격으로 큰 이익을 얻기 어렵다. 이미 시장 경쟁이 치열해지고 혼전 양상이 나타나고 있기 때문에 이 시기에 시장에 뛰어들기로 했다면 과도한 투자를 피하고 신중을 기해야 한다.

미개척 틈새시장을 발견하라. 시장이 포화 상태에 이르렀다면 아직 아무도 뛰어들지 않은 미개척 시장을 찾아내야 한다. 이때는 그 제품과 마케팅 방식이 다른 시장에서 이미 성공한 선례가 있어야 한다는 전제조건이 있다. 이미 검증된 제품과 마케팅 방식을 가지고 남들이 발견하지 못한 틈새시장에 진출한다면 큰 성과를 거둘 수 있다.

몇 년 전부터 중국 직장인들 사이에서 깨끗하고 영양가 있는 아침식사를 간단히 사먹으려는 사람들이 많아졌지만 이 수요를 만족시키는 곳이 거의 없었다. 그러자 맥도날드가 이 시장을 가장 먼저 발견하고 직장인들을 위한 아침식사 메뉴를 내놓아 좋은 반응을 얻었다.

KFC도 약간 늦기는 했지만 아침식사 메뉴를 새로 출시해 인기를 끌며 아침 시간대 매출이 크게 늘어나는 효과를 얻었다. 맥도날드와 KFC 모두 틈새시장을 발견하고, 이에 신속하게 뛰어들어 좋은 결과를 얻은 사례다. 그들은 시장에서 부족한 것이 무엇인지 정확하게 간파했기 때문에 틈새시장을 개척할 수 있었다.

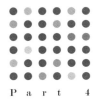

● 냉정해져라

　일이 잘 풀리지 않거나 실패했을 때 자신의 '무능함' 탓으로 돌리는 사람들이 많다. 자본, 기술, 경험, 인맥 등 자신에게서 부족한 것들을 원망하고 현실의 높은 벽을 넘을 수 없다며 자포자기한다.

　그런데 성공을 가로막는 진정한 장애물은 그런 외적인 조건들이 아니라 자신감 없이 쉽게 체념하는 마음이다. 자신이 성공할 수 있다고 상상조차 하지 못하는 사람들이 있다. 그들은 그런 자괴감이 자기 마음속 깊숙이 숨어 있는 자신감, 담력, 용기 같은 힘들을 무겁게 짓누르고 있다는 사실을 알지 못한다.

　자신감이 없는 사람들은 일의 어려움을 실제보다 훨씬 과장하는 경향이 있다. 그 때문에 쉽게 해결할 수 있는 일도 일찌감치 포기해버린다. 잔뜩 몸을 움츠린 채 기존의 계획이 바뀔까봐 전전긍긍하며 스스로 마음에 족쇄를 채우는 것이다. 그런 이들에게 성공은 영원히 사치스러운 공상일 뿐이다.

예전에 시각장애인 축구팀에서 활동하고 있는 한 선수를 만난 적이 있다. 그에게 골대가 보이지 않는데도 골을 넣는 비결이 무엇인지 묻자 그가 이렇게 대답했다.

"누구나 마음속에 골대가 하나씩 있습니다. 골대의 크기는 스스로 결정하는 것입니다. 골을 넣지 못할까봐 걱정하면 골대가 점점 작아지죠. 그 골대의 크기가 축구공만큼 작아지면 절대로 골을 넣을 수 없습니다. 반대로 골을 넣을 수 있다는 자신감을 가지면 마음속에 있는 골대가 점점 커져서 쉽게 골을 넣을 수 있습니다."

누구나 마음속에 골대가 있다. 중요한 것은 그 골대의 크기를 어떻게 정하느냐는 것이다. 할 수 있다는 믿음을 가지면 골대의 크기가 점점 커지고, 자포자기한다면 골대가 바늘구멍만큼 작아질 것이다. 그렇다면 자신감을 성장시키는 방법에는 무엇이 있을까?

자신감과 자아를 성장시키는 첫걸음은 냉정하게 사고하는 것이다.

한 농부가 건초 창고에서 일을 하다가 실수로 손목시계를 잃어버렸다. 건초 더미를 다 뒤졌지만 시계를 찾을 수 없었다. 그 시계는 그의 아내가 생일 선물로 준 것으로 그가 몹시 아끼는 것이었다. 농부에게서 그리 멀리 떨어지지 않은 곳에서 아이들 몇 명이 구슬치기를 하며 놀고 있었다. 농부는 아이들에게 시계를 찾아주는 사람에게 초콜릿을 주겠다고 했다. 아이들이 좋아하며 건초 창고로 달려갔다. 그러나 한나절이 지나도록 시계를 찾지 못했다. 실망한 농부가 집으로 돌아가려는데 어린 소녀가 그의 옷자락을 붙잡았다. 아까부터 조금 멀리 떨어진 곳에 앉아 그들을 지켜보고 있던 아이였다.

"제가 한번 찾아볼게요."

농부가 말했다.

"저렇게 많은 아이들이 뒤져도 못 찾은 걸 너 혼자 어떻게 찾겠니?"

농부의 눈동자에 실망감이 가득했다. 소녀가 건초 창고로 들어갔다. 그런데 소녀는 다른 아이들처럼 건초 더미를 뒤지는 것이 아니라 가만히 엎드려 귀를 땅에 댔다.

'똑딱 똑딱.'

잠시 후 아주 작은 소리가 소녀의 귓가에 전해졌다. 처음에는 희미했던 소리가 점점 크고 또렷해졌다. 소녀가 소리가 나는 방향으로 살금살금 걸어가 찾아보니 과연 건초 더미 아래 시계가 떨어져 있었다.

누구나 농부처럼 곤란한 상황에 닥치면 어쩔 줄 모르고 당황해할 것이다. 농부는 자신이 무엇을 잘못했는지 생각해보지 않고 실망하고 좌절했다. 반면 어린 소녀는 상황을 냉정하게 사고하고 무엇이 잘못되었는지 판단해 정확하게 행동했다.

이처럼 많은 사람들이 일시적으로 일어나는 충동적인 감정 때문에 쉽게 좌절하고 실패를 겪는다. 그들은 일시적인 충동을 이기지 못하고 나중에 후회할 일을 해버리는 것이다.

다음의 몇 가지 방법이 충동심을 줄이는 데 도움을 줄 수 있을

나는 왜 결정적 순간에 포기하는가

것이다.

일단 마음을 가라앉혀라

사람들이 억울한 일을 겪거나 피해를 입었을 때 가장 처음 나타나는 반응이 분노이고, 그 다음이 복수심이다. 특히 타인에게 오해를 받거나 수모를 당할 경우 누구라도 이런 감정을 겪는다. 하지만 충동심은 문제를 더 악화시킬 뿐이다.

마음 속에 충동심이 일어날 때는 우선 마음을 다스려 냉정을 되찾고, 인과관계를 빠르게 판단한 후 평정심을 최대한 유지하며 자기 생각을 표현해야 한다. 때로는 침묵도 최고의 무기가 된다.

주의를 다른 곳으로 돌려라

자신의 이익이나 존엄성을 해치는 일과 맞닥뜨리면 누구라도 강한 반감과 충동이 들기 마련이다. 이런 상황이 닥쳐 충동심이 울컥 치민다면 일부러 주의력을 다른 곳으로 돌리는 것이 좋다.

창밖으로 시선을 옮겨 바깥 풍경을 바라보거나 "나는 너그러운 사람이다. 사소한 일에 연연하지 말자"고 속으로 되뇌는 것도 좋은 방법이다. 어떤 방법으로든 주의력을 분산시키고, 조금만 참아보자. 사람의 감정이란 수시로 변하는 것이어서 단 몇 초 사이에 분노할 수도 있고, 차분해질 수도 있다.

갈등 발생점을 파악하라

충돌과 갈등이 발생하면 감정을 억제하는 것도 중요하지만 그보다 더 중요한 것은 정확한 방법으로 문제를 해결하는 것이다. 행동하기 전에 우선 자신에게 이런 질문을 던져보라.

이 일의 가장 중요한 원인은 무엇일까? 갈등이 어디에서 시작되었을까? 어떤 방법으로 이 문제를 해결할 수 있을까? 내가 생각하는 해결 방법을 상대가 받아들일 수 있을까? 갈등이 더 심해지는 것은 아닐까?

우선 상대의 입장이 되어 내가 상대라면 이 문제를 어떻게 해결할 것인지 생각해보고, 상대가 받아들일 수 있는 해결 방법을 찾아 문제를 해결하기 위해 노력해야 한다.

● 표정을 드러내지 마라

　남의 말 한마디에도 쉽게 화를 내고, 칭찬하는 말 한마디나 작은 이익에도 금세 기분이 좋아져 희희낙락하는 사람들이 있다. 이런 사람들은 마음을 그대로 드러내기 때문에 남에게 이용당하기 쉽다. 누군가 자기 필요에 따라 고의로 화를 돋워 비이성적인 행동을 하게 만들거나, 작은 이익을 미끼로 자신이 원하는 대로 행동하게 만들 수 있기 때문이다. 또 조금만 슬픈 이야기를 들어도 눈물을 흘리며 비통해하는 사람들도 그런 약점을 이용해 자기 목적을 이루려는 이들의 표적이 되기 쉽다.

　이처럼 희로애락을 있는 그대로 겉으로 드러내면 불필요한 피해를 입을 수 있다.

　희로애락은 사람이라면 누구나 가지고 있는 감정이지만 성공한 사람들은 희로애락을 겉으로 잘 드러내지 않는다는 공통점이 있다. 실제로 사회적으로 성공하고 싶다면 자기감정을 있는 그대로 드러내서는 안 된다. 경쟁이 치열한 사회에서 성공하기 위한 필수 수칙 중 하나가 바로 남의 기분을 잘 살펴 그에 따라 대응 방식을 바꾸어가는 것이다. 즉 상대를 자신에게 유리하게 이용하기 위해서는 상대의 마음부터 파악해야 한다. 그러므로 자기감정을 감출 줄 모르는 사람이 사회에서는 결국 최대 피해자가 될 수밖에 없다.

자기감정을 드러내지 않고 최대한 숨길 때 얻을 수 있는 두 가지 이익이 있다.

첫째, 희로애락의 감정에서 빠져나와 냉정하고 객관적인 시선을 유지하면 자신이 처한 상황을 더 정확하게 볼 수 있다.

둘째, 감정을 쉽게 드러내지 않으면 자신의 단점 또한 남에게 들키지 않을 수 있기 때문에 남에게 이용당할 가능성도 줄어든다.

프랑스의 한 철학자는 이렇게 말했다.

"남보다 돋보이려고 하면 원수를 얻을 것이고, 남을 돋보이게 하면 친구를 얻을 것이다."

누구나 남보다 우월해지고 돋보이려는 심리가 있기 때문이다. 누군가 자신보다 더 우월해 보이면 자괴감을 느끼고 무시당한다는 생각에 자기 존엄성을 지키려는 것이 인간의 본능이다.

현명한 사람들은 자신의 감정과 자아를 겉으로 드러내지 않는다. 그들은 남을 무시하거나 자기중심적인 생각을 갖지 않으며 작은 행동을 통해 상대가 동질감을 느낄 수 있도록 유도한다. 동료와 대화를 나눌 때 '나'보다는 '우리'라는 표현을 많이 쓰는 것도 동료들과의 거리를 좁히고 자기편으로 만들 수 있는 좋은 방법이다.

잠재의식에
굴복하지 마라

누구나 이런 경험이 한두 번쯤 있을 것이다. 하기 싫고 포기하고 싶은 일이 있을 때 마음속에서 누군가 외친다. '포기해! 괜찮아. 어차피 해봤자 잘할 수도 없을 거야!' 그러면 그 말을 듣고 정말로 일을 포기해버린다. 회사에서 힘든 일이 주어졌을 때 마음속에서 '맙소사! 너무 어려워! 기한 내에 해낼 수 없을 거야!'라는 외침이 들리면 그 말이 저주의 주문이라도 되는 것처럼 정말로 일을 완성하지 못한다.

잠재의식은 종종 이렇게 무서운 위력을 발휘한다. 그런데 잠재의식이란 사람의 즉흥적인 속마음이 반영된 것이지 옳고 그름을 판단하는 기준이 아니다. 또 기억력이 나쁘기 때문에 반복적으로 강조하고 계속해서 자극을 주어야 한다. 자신에게 부정적인 암시를 하면 잠재의식이 일의 결과에 부정적인 영향을 미치고, 긍정적인 암시를 하면 잠재의식이 성공의 원동력이 된다.

네덜란드의 한 심리학자의 연구 결과에 따르면 90퍼센트의 사람들이 잠재의식에 의해 지배를 받는다고 한다. 잠재의식의 힘을 통제하고 이용하지 못하면 성공할 가능성이 그만큼 줄어드는 것이다. 반대로 잠재의식을 잘 이용한다면 그 힘을 자신에게 유리한 방향으로 이용할 수 있다.

예를 들면 힘든 업무가 주어졌을 때 '나는 할 수 없어', '나는 안 돼'라고 경솔하게 단정 짓지 말고 '이것은 내 능력을 펼칠 수 있는 기회야. 나는 잘할 수 있어'라고 자기 암시를 하는 것만으로도 놀라운 효과를 거둘 수 있다.

한마디로 잠재의식은 잘 이용하면 자신감을 북돋워 목표를 달성하는 데 도움이 되지만 잠재의식에 굴복하면 잠재의식이 시키는 대로 하는 꼭두각시가 되어 버린다.

자책하는 것도 마찬가지다. 실수를 하고 나면 많은 사람들이 자책하며 좌절감에 빠진다. 그런데 '나는 의지가 부족해', '난 안 돼', '나는 실패자야'라는 생각에 휩싸이면 이런 부정적인 자기 암시가 현실에서의 무기력함으로 나타나게 된다. 실수를 저질렀다면 자책하지 말고 최대한 긍정적인 말로 자신을 위로하고 북돋워야 한다.

이미 지난 일을 후회하고 자책해 봐야 아무 소용도 없다. 실수의 원인을 찾아 잘못을 보완해 계속 앞으로 나아가면 된다.

내면이 충실한 사람들은 외부의 힘에 쉽게 흔들리지 않는다. 현대인들은 누구나 심한 부담감을 느끼며 살아간다. 직장에서 받는 부담감, 건강에 대한 부담감, 가족이나 친구에게서 받는 부담감 등으로 심리적인 고통을 받는 사람들이 많다. 그런데 이것은 남들의 눈을 과도하게 의식하고 타인의 일거수일투족에 너무 신경을 쓰기 때문이다.

내면이 충실한 사람들은 남의 행동에 휘둘리거나 상처 받지 않는다. 그들은 항상 부드럽고 미소 띤 얼굴로 사람을 대하며 평정심을 잃지 않는다. 진정한 강함이란 남을 강제로 억누르는 것이 아니라 내면의 안정감과 평정심을 잃지 않는 데서 나온다. 그들은 자신에게 진정으로 필요한 것이 무엇인지 잘 알고 있으며 남에게 너그럽게 대한다.

운명은 하늘이 내리는 것이 아니라 스스로 만들어가는 것이다. 내면이 충실한 사람들은 자신의 목표가 무엇인지 잘 알고 있기 때문에 외부 환경에 흔들리지 않는다. 세속의 기준은 그들의 판단에 아무런 영향을 미치지 못한다. 그들은 어떤 상황에서도 눈앞의 상황이 의미하는 것이 무엇이고 자신이 진정으로 얻고자 하는 것이 무엇인지 알고 있기 때문에 마음속에서 불필요한 갈등이나 충돌이 나타나지 않는다.

불면, 초조, 긴장은 내면이 충실하지 못한 사람들에게서 나타나는 특징이다. 그들은 작은 어려움만 닥쳐도 자기 인생이 다 끝난 것처럼 걱정하고 초조해 한다. 반면 내면이 충실한 사람들은 그 어떤 어려움과 고통도 다 지나간다는 믿음과 잘 극복할 수 있다는 자신감이 있기 때문에 어떤 어려움 속에서도 평정심을 유지할 수 있다.

"인내력은 단순한 마음가짐이 아닌, 성공을 위한 필수적인 능력이다."

절제란 소극적으로 기다리기만 하는 것이 아니라 성공을 창조해내는 힘이다. 사람의 행복도는 자신의 생활을 스스로 얼마나 통제할 수 있느냐에 따라 결정된다. 무슨 일을 하든 자신이 주도하고 있다는 느낌을 가질 때 자신감과 행복을 느낄 수 있으며 이것은 성공으로 향하는 에너지이기도 하다.

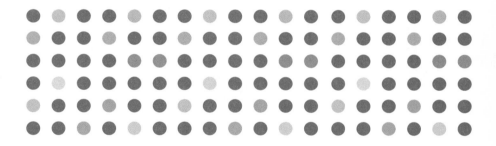

남의 말보다 자신의 신념을 믿어라

신념

단순한 자신감은 중요하지 않다.
중요한 것은 이성을 바탕으로 한
자신감이다.

● 당신은 어떤 종류의
자신감을 가지고 있는가

　인생은 영원히 직진일 수 없다. 성공으로 향하는 길 위에는 수많은 역경과 굴곡이 도사리고 있으며 때로는 남들에게 따돌림을 당하거나 자기도 모르는 사이에 함정에 빠질 수도 있다.

　그러므로 적절한 때에 '멈추거나' 또는 '뒤로 물러나서' 자신이 옳은 길을 가고 있는지 돌아볼 필요가 있다. 멈추어 서서 냉정하게 사고하면서 나아갈 방향을 다시 결정하고 더 멀리까지 갈 수 있는 방법을 찾아야 한다.

　우선 다음의 몇 가지 질문에 대답해보자.

　지금의 자신을 좋아하는가?

　스스로 중요한 사람이라고 생각하는가?

　자기 자신에게 관심이 있는가?

　자기 자신이 마음에 드는가?

　위의 질문들에 '그렇다'고 대답할 수 있다면 당신은 자신감이 비교적 충만한 사람이다. 자신감은 자신의 능력과 가치를 인정하는 정신적인 힘이자 이성의 힘이다. 사실 단순한 자신감은 중요하지 않다. 중요한 것은 이성을 바탕으로 한 자신감이다.

자기 자신을 완벽하게 인정할 수 없다면 그런 자신감은 이성이 아니라 내면의 감성적 감각일 뿐이다. 내면의 감각은 큰 힘을 갖지 못하며 늘 불안정하다. 이성적인 자신감을 지니지 못한 사람은 현재는 자신만만하고 스스로 매우 우수한 사람이라고 생각하더라도 5분 후에 자기보다 더 우수한 사람을 만나게 되면 금세 자괴감에 휩싸이기 쉽다.

자신을 이상적인 사람으로 만들 수 있는 것은 오직 자기 자신뿐이다. 하지만 세상에는 자신의 능력을 과소평가하는 사람들이 많다. 남에 대해서는 찬사를 아끼지 않으면서 정작 자신의 능력과 재능은 알아차리지 못한다.

자신감을 가진 사람들은 자신이 가치 있는 사람이라고 굳게 믿으며 어떤 행동을 하든 무의식중에 이런 자신감이 저절로 드러난다. 제대로 된 자신감을 지니고 있다면 자신을 방해하는 주변의 시선 또한 이겨낼 수 있다.

아시아개발은행 수석경제학자 탕민(湯敏)은 1973년 광시(廣西) 난닝(南寧) 제4중학교의 교사로 배치 받아 아이들을 가르치게 되었다. 당시 그는 고등학교조차 졸업하지 못한 학력으로 학생들과 별 차이가 없었으므로 부담감이 매우 컸다.

하지만 그는 할 수 있다는 자신감을 가지고 냉정하고 이성적으로 학생들을 가르쳤다. 누군가 그에게 "자신감을 잃지 않고 당당하게 학생들을 가르칠 수 있는 비결이 무엇인가요?"라고 묻자 그는 이렇게 대답했다.

"그저 조급해하지 말고 낙관적인 태도로 열심히 공부하면 됩니다. 저는 밤마다 다음 날 아이들에게 가르칠 내용을 공부하기 때문에 걱정이 없습니다."

1977년 10월 문화대혁명이 끝나고 중국에서 대학 입시가 부활되었을 때 탕민의 나이는 스물네 살이었다. 당시 광시 성에서는 25세 이하만 대입 시험에 응시할 수 있었다.

그는 대학 진학을 몹시 바랐지만 세 가지 커다란 걸림돌이 있었다. 첫째, 합격한다는 보장이 없었다. 수학을 제외하고 영어, 물리, 화학 등은 거의 배운 적이 없었다.

둘째, 가족과 친구들이 심하게 반대했다. 교사라는 안정된 직업을 그만두고 굳이 대학에 진학하겠다는 것이 남들 눈에는 무모한 일로 비쳐졌던 것이다. 사범대학 졸업생 중 대다수가 중학교 교사가 되는 마당에 교사직을 그만두고 대학에 진학하는 것은 어리석은 일이라고 사람들은 생각했다.

셋째, 교사인 탕민이 자신의 제자들과 함께 시험을 보았다가 낙방한다면 체면이 이만저만 깎이는 것이 아니었다.

하지만 탕민은 남들의 의견에 너무 연연하거나 너무 많은 것을 걱정하면 어떤 일도 해낼 수 없다고 생각하고 자기 마음속의 목소리에 따르기로 했다. 마침내 그는 대학 입시에 도전했고, 이 선택은 그의 인생을 완전히 뒤바꿔 놓았다. 훗날 그는 중국을 대표하는 저명한 경제학자가 되었다.

P a r t   5

● 현명하게 절제하라

2005년 3월 내가 중국의 한 대학에서 취업과 창업에 관한 연설을 했을 때였다. 연설이 거의 끝날 무렵 나는 내 명함을 꺼내 학생들에게 보여주며 말했다.

"나의 이야기가 여러분에게 도움이 되길 바랍니다. 제 명함을 나누어줄 테니 원하는 학생들은 손을 들어주세요."

내 말이 떨어지기가 무섭게 연단 아래 앉아 있는 학생들이 일제히 손을 번쩍 들었다. 사회자가 손을 든 학생들에게 명함을 나누어주고 있는데 맨 뒷줄에 앉아 있던 왜소한 체구의 한 학생이 잰걸음으로 재빨리 내게 다가왔다.

"제게도 명함을 주세요. 그리고 함께 사진을 찍어도 될까요?

다른 학생들은 가만히 앉은 채로 명함을 나누어주기를 기다렸지만 그 학생은 적극적으로 먼저 내게 다가와 명함을 달라고 하며 함께 사진까지 찍었기 때문에 나는 자연히 그 학생에게서 깊은 인상을 받았다.

몇 달 후 나는 인터넷에 신입사원 채용광고를 냈고 그 학생으로부터 안부편지와 함께 찍은 사진을 받았다. 그 학생은 편지에서 구직 활동을 하는 동안 겪은 어려움을 토로하며 우리 회사에 입사하기를 희망한다는 뜻을 밝혔다. 마침 그의 전공 분야가 우리 회사에 적합했기 때문에 나는 그 자리에서 그 학생을 채용하기로 결정했다.

나날이 경쟁이 치열해지는 요즘, 누구나 기회가 찾아오기를 간절히 바라지만 기회가 찾아와도 우물쭈물하다가 놓쳐버리는 사람들이 많다. 기회가 오기를 기다리는 것도 중요하지만 기회가 찾아왔을 때 과감하게 포착하는 것도 중요하다. 기회를 발견하고도 우물쭈물하며 망설이다가는 자신의 잠재력과 가치가 그대로 묻혀버리고 만다. 중요한 순간에 주저하지 않고 재빨리 기회를 붙잡는 것은 인내력을 가진 사람들의 특징이다.

이보다 더 중요한 것은 기회가 찾아왔다면 적극적으로 나서서 붙잡아야 하지만 기회가 완전히 성숙하지 않았다면 스스로 절제하면서 기다릴 줄도 알아야 한다는 것이다.

절제란 소극적으로 기다리기만 하는 것이 아니라 성공을 창조해내는 힘이다. 사람의 행복도는 자신의 생활을 스스로 얼마나 통제할 수 있느냐에 따라 결정된다. 무슨 일을 하든 자신이 주도하고 있다는 느낌을 가질 때 자신감과 행복을 느낄 수 있으며 이것은 성공으로 향하는 에너지이기도 하다.

현명한 스승이 있었다. 그는 놀라울 만큼 많은 일을 훌륭하게 처리해내곤 했다.

어느 날 제자들이 그에게 물었다.

"어떻게 그렇게 많은 일을 완벽하게 해내십니까? 게다가 조급해하거나 긴장하시는 것을 한 번도 본 적이 없습니다. 어떻게 하면 그런 냉정함과 활력을 가질 수 있습니까?"

스승이 대답했다.

"나는 서 있을 때는 서 있기만 하고 걸을 때는 걷기만 하고 뛸 때는 뛰기만 한다."

제자들이 의아한 표정으로 물었다.

"그건 저희도 마찬가지입니다. 하지만 저희는 스승님만큼 많은 일을 완벽하게 해내지 못합니다. 왜 그럴까요?"

스승이 대답했다.

"너희들은 절제할 줄 모르기 때문이다. 너희들은 서 있어야 할 때 걸으려 하고 걸어야 할 때 뛰려고 하며 뛰어야 할 때는 이미 목적지에 도달해 있지 않으냐?"

대부분 이야기 속 제자들처럼 자신의 생각과 행동의 리듬을 스스로 통제하지 못한다. 한 가지 일을 하면서 현재 하고 있는 일에 집중하지 못하고 어제 일을 생각하거나 내일 해야 할 일이 무엇인지 생각한다. 현재 하고 있는 일에 주의력을 집중할 때 비로소 자신의 생각과 행동을 절제할 수 있다.

자신의 잠재력을 적절하게 통제하는 것은 냉정한 사고를 유지하고 불필요한 걱정을 없앨 수 있는 방법이다. 또한 재능을 과시하며 잘난 척을 하다가 남들의 반감을 사는 일을 피할 수 있으므로 원만한 인간관계를 유지하는 데도 도움이 된다.

일본에 전설적인 장대높이뛰기 선수가 있었다. 그는 6년 연속 세계챔피언에 오르며 세계 최고기록을 잇달아 경신했다. 기자가 그에게 오랫동안 훌륭한 기록을 유지할 수 있는 비결이 무엇인지 묻자 그는 이렇게 대답했다.

"사실 처음 세계챔피언이 되었을 때에도 현재의(6년째 기록) 기록을 낼 만한 실력이 있었습니다. 제가 세계기록을 여섯 번이나 경신한 것은 스스로를 적절히 통제할 수 있었기 때문이죠."

만약 그가 첫해에 자신의 실력을 모두 발휘했더라면 그 후에는 자신의 기록과 성적을 뛰어넘지 못했을 것이며, 어쩌면 예전 기록조차 유지하지 못했을 것이다. 자신의 능력을 적절히 통제하면서 '내 능력을 아직 완전히 발휘하지 않았어. 나는 더 잘할 수 있어'라고 자기 최면을 거는 것이 중요하다. 이런 생각과 의지를 가지고 있다면 점점 더 강해지고 발전할 수 있다.

일에서든 처세에서든 가장 중요한 것은 적절한 선을 유지하는 것이다. 지나침은 미치지 못한 것과 같다. 잠재 능력을 적절하게 통제하는 것은 앞으로의 발전을 위한 길이기도 하다.

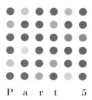
● 자발적으로 한 걸음
후퇴하는 지혜

　인내력이 강한 사람들은 뒤로 물러나는 지혜를 가지고 있다. 적
당히 뒤로 물러나는 것은 누구에게나 지혜이자 전략이다. 눈앞의
세상이 넓기는 하지만 경쟁이 치열해 도저히 비집고 나아갈 수 없
다면 일단 뒤돌아 후퇴해 비집고 나아갈 틈을 다시 찾아보는 것도
한 가지 방법이 될 수 있다.

　성공으로 향하는 길 위에는 수많은 역경과 굴곡이 도사리고 있
으며 때로는 남들에게 따돌림을 당하거나 자기도 모르는 사이에
함정에 빠질 수도 있다. 그러므로 적절한 때에 '멈추거나' 또는 '뒤
로 물러나서' 자신이 옳은 길을 가고 있는지 돌아볼 필요가 있다.
멈추어 서서 냉정하게 사고하면서 나아갈 방향을 다시 결정하고
더 멀리까지 갈 수 있는 방법을 찾아야 한다.

　뒤로 물러나는 것은 유약함이나 무능함을 의미하는 것이 아니
다. 권투 시합에서 한 선수는 상대를 몰아붙이며 맹렬하게 주먹을

휘두르고, 상대 선수는 계속 주먹을 피하고 방어하면서 공격의 기회를 엿보았다. 결과는 어떻게 되었을까? 맹렬히 공격하던 선수가 체력이 떨어져 움직임이 둔해지자 방어하면서 기회를 엿보던 상대 선수가 강펀치 한 번으로 상대를 쓰러뜨려버렸다. 이처럼 무조건 앞으로만 나아가다가는 최후의 승자가 되기 어렵다.

부지런한 농부가 있었다. 하루도 쉬지 않고 피땀 흘려 일하는 데도 그는 가난에서 벗어나지 못했다. 어느 날 천사가 농부의 집 앞을 지나가다가 그의 딱한 사정을 보고 도와주기로 했다. 천사는 농부에게 해가 뜨자마자 집에서 출발했다가 해가 지기 전에 돌아오면 그가 걸었던 범위 내에 있는 땅을 모두 그에게 주겠노라고 말했다. 농부는 뛸 듯이 기뻐하며 다음 날 해가 뜨자마자 집을 나서서 전속력으로 달렸다.

몇 시간 후 농부는 지쳐서 더 이상 달릴 힘이 없었지만 집에 있는 아내와 자식들을 생각하며 있는 힘을 모두 짜내 달렸다. 그러나 쉬지 않고 달리던 그는 기력이 소진되어 바닥에 쓰러져버렸고 영영 집으로 돌아오지 못했다.

농부는 눈앞의 이익을 위해 오로지 달렸지만 결국에는 자기 목숨마저 잃고 말았다. 우리도 농부처럼 앞으로만 달려가고 뒤로 물러설 줄 모르는 실수를 저지르고 있는 것은 아닐까?

인생에는 '전진하는' 용기와 실력뿐만 아니라 '후퇴하는' 도량과 지혜도 필요하다.

● 자신감을 높이는
구체적인 방법

낯선 사람이나 익숙하지 않은 환경과 마주하면 대부분은 불안감을 느낀다. 하지만 불안감을 품고 있으면 남들과 솔직하고 자연스럽게 교류할 수 없고 주변 사람들까지도 불편하게 만든다. 특히 수줍음과 두려움이 많은 사람들은 친하지 않은 사람들에게 먼저 인사를 하거나 말을 걸지 못하기 때문에 건방지고 도도한 사람이라는 인상을 주어 인간관계에도 좋지 않은 영향을 미칠 수 있다.

또 겁이 많은 사람들은 새로운 일이 주어지면 시작하기도 전에 자신감을 잃고 위축되곤 한다. 이런 사람들은 타인의 평가에 너무 연연하고 타인의 사소한 언행에도 민감하게 반응하는 특징이 있다. 남들은 별 생각 없이 한 행동에도 상처를 입고 며칠씩 우울해하기도 한다.

겁이 많고 소극적인 사람들은 무슨 일을 하든 용기도 없고 자신감도 부족하기 때문에 자기 능력으로 충분히 성공할 수 있는 일도 실패하기 쉽다. 다음은 자신감을 높이는 방법들이다.

자괴감을 떨쳐버려라

겁이 많은 것은 어쩌면 자괴감 때문이다. 자괴감이 생기는 원인은 자기 자신을 객관적으로 평가하지 못하고 타인의 평가에 너무 연연하는 데 있다. 어떤 일을 여러 번 반복해도 쉽게 해낼 수 없다면 자괴감에 빠지지 말고 스스로를 격려하고 자기 자신을 믿어야 한다. '나는 잘할 수 있어. 원인을 분석하고 옳은 방법을 찾아낸다면 언젠가 잘해낼 수 있을 거야'라고 속으로 자기 암시를 하는 것도 좋다.

누군가의 앞에 서면 항상 자신이 부족하게 느껴진다면 자신에게서 그보다 나은 장점을 찾아내기 위해 노력해보자. 그보다 인간관계가 더 원만하다거나 그보다 더 겸손하다거나 하는 것들 말이다.

두려운 것에 부딪쳐보라

특정 사물이나 사람에 대한 두려움에서 벗어나기 위해 가장 효과적인 방법은 용감하게 맞서는 것이다. 직접 맞부딪쳐 보고 상대가 생각만큼 두려운 존재가 아니라는 것을 알게 되면 그 다음부터는 두렵지 않게 된다.

가령 어린아이가 내성적이고 수줍음이 많아 낯선 사람을 너무 무서워한다면 이웃 아저씨나 아주머니에게 인사를 하도록 시켜보자. 이웃이 웃는 얼굴로 인사를 받아주고 다정하게 말을 건네주는 것을 경험한다면 아이의 두려움과 수줍음은 점차 사라질 것이다.

자신감이 부족할 땐 스스로를 격려하라

자신감이 부족하면 저절로 자신 없는 행동을 하게 된다.

나의 수강생 중에 앨버트라는 청년이 있었다. 키가 작고 못생겼으며 아주 뚱뚱했다. 그가 처음으로 힘들게 자리에서 일어나 발표를 하는데 얼굴이 온통 벌겋게 달아오르고 손에 든 볼펜을 쉬지 않고 만지작거렸으며 말도 더듬었다. 간단한 자기소개였지만 5분 동안 발표를 하도록 자기 이름을 말하는 것조차 잊었다.

수업이 끝난 후 앨버트가 내게 고민을 털어놓았다.

"사람들이 저를 싫어해요. 제가 뚱뚱하고 못생겼기 때문이죠. 제 동생은 저와 같이 있는 것조차 창피하게 여겨요. 제 외모 때문에 하루하루가 괴로워요."

하지만 앨버트의 문제는 그의 외모가 아니라 그 자신에게 있었다.

나는 앨버트에게 말했다.

"함부로 결론을 내리지 말아요. 당신은 아주 우수한 사람이에요. 남의 시선을 너무 의식하고 자신감이 부족한 것이 문제죠. 그런 생각을 버리고 자신의 장점에 집중하세요. 그래야 자신을 바꿀 수 있어요. 자기 장점과 단점을 자세히 적어놓고 장점은 최대한 발휘하고 단점은 최대한 고치도록 노력해보세요. 예를 들면 앨버트는 목소리가 아주 좋아요. 노래를 잘할 것 같군요. 다음에는 앞에 있는 사람들이 자신의 노래를 들으러 온 관중이라고 생각해보세요. 그러면 긴장이 풀릴 거예요."

이 방법은 매우 효과적이었다. 다음 수업시간에 앨버트는 용기를 내어 앞으로 나와 멋지게 자기소개를 했다. 볼펜을 만지작거리지도 않고 말을 더듬지도 않았을 뿐 아니라 노래까지 한 곡 멋지게 불렀다. 수강생들이 환호하며 박수를 보내자 앨버트는 "오늘은 제 실력을 완전히 발휘하지 못했어요. 저는 장래의 미국 최고 테너 앨버트랍니다"라고 유머러스하게 말하기도 했다. 수강생들이 크게 웃음을 터뜨리자 앨버트의 얼굴에 자신감 넘치는 미소가 번졌다.

자신감이 부족할 때는 의식적으로 자신 있는 행동을 함으로써 스스로를 격려하고 힘을 불어넣어야 한다. 소극적이고 부정적인 마음을 가지고 있으면 행운이 찾아와 문을 두드려도 문을 열어주지 못하고 놓쳐버리게 되기 때문이다.

행운을 붙잡고 싶다면 작은 일이라도 자신감 있게 부딪쳐 보자. 자신을 좋아하지 않는 사람을 만나면 '그를 무시하자. 그는 나에 대해 전혀 모르는 거야'라고 생각하고, 일이 뜻대로 풀리지 않는다면 '하느님이 지금 티타임을 즐기고 계시는군. 티타임이 끝나면 내 문제를 해결해주실 거야'라고 생각하자.

자신감의 바탕은 충분한 준비다

믿는 구석이 있어야 자신감도 생기는 법이다. 예를 들어 중요한 시험을 앞두고 공부를 하지 않았다면 아무리 자신만만한 사람이라도 시험을 잘 볼 수 없고, 중요한 강연을 해야 하는데 준비를 충분히 하지 않았다면 스스로 강연을 잘 해낼 수 있을지 의문스러울 수밖에 없다.

그러므로 충분한 사전 준비는 자신감의 기초이며 성공의 가능성을 높이는 방법이다. 충분한 준비를 바탕으로 일을 성공적으로 해내고 나면 자신감이 상승해 다음에 하는 일도 훌륭하게 해낼 수 있다. 자신감이 상승할수록 새로운 것에 대한 도전심이 생기고 성공의 가능성도 커진다. 이것이 바로 자신감의 선순환이다.

실패의 원인을 정확하게 분석하라

겁 많고 소극적인 사람들에게 실패란 치명적인 상처가 된다. 한 번 실패를 하면 자신감이 더욱 사라져 또다시 실패를 반복하게 된다. 소극적인 사람들은 실패가 반복될수록 자기 자신에게서 실패의 원인을 찾는다. 자신이 무능하다거나 멍청해서 실패했다고 생각하는 것이다. 반복된 실패로 자신감을 잃게 되면 새로운 일에 도전하기를 회피하게 되고 성공할 가능성도 줄어드는 악순환이 계속될 수밖에 없다.

그러므로 두려움이 많고 소극적인 사람일수록 실패의 원인을 정확하게 찾는 것이 중요하다. 실패의 원인을 정확하게 찾을 수 있느냐는 자기 자신에 대한 인식에도 영향을 미쳐 다른 일의 결과까지도 좌우하게 된다.

반대로 실패의 원인을 객관적으로 분석한다면 결과는 달라진다. 가령 시험 결과가 좋지 않다면 좌절하지 말고 어떤 점이 문제였는지 냉정하고 객관적으로 원인을 분석해야 한다. 자기 지식이 부족해서 실패했다면 부족한 지식을 채우면 된다. 최선을 다했는데도 시험 결과가 좋지 않았다면 자신을 탓하며 좌절해서는 안 된다. 이런 생각을 하게 되면 자기도 모르는 사이에 부담감이 생겨 쉽게 용기를 낼 수 없기 때문이다. 자기 능력이 부족한 것이 실패의 원인이라면 잘하는 사람에게 도움을 구해 새로운 방법을 찾아낼 수도 있다.

중요한 것은 우수한 사람들에게서 그들의 노하우와 특별한 방법을 배울 수 있다는 점이다. 세상에는 똑똑하고 유능한 사람들이 많지만 그 때문에 자괴감을 느낄 필요는 없다. 특출한 소수를 제외하면 대다수 보통 사람들의 능력에는 큰 차이가 없기 때문에 열심히 노력한다면 성공은 결코 불가능한 일이 아니다.

인간관계의 범위를 넓혀라

겁이 많은 사람들은 타인과 교류하는 것을 두려워하고 때로는 아주 기본적인 대화를 나누는 것조차 힘들어한다. 그 때문에 그런 사람들은 보통 친구가 적고 인간관계가 좁다. 남들과 교류하며 우정을 쌓고 싶지만 남들이 자신을 좋아하지 않을 것이라고 걱정해서 남들과의 교류에 적극적으로 나서지 않는다. 이런 문제를 해결하기 위해서는 스스로 소극적인 마음과 부정적인 생각을 떨쳐내고 남들과 솔직하게 교류하는 수밖에 없다. 그러다 보면 차츰 인간관계가 넓어지고 자신감도 얻게 될 것이다.

보디랭귀지를 중요하게 생각하라

언어는 타인과 정보를 교환하는 방식이며 말하는 것 외에도 자세, 동작, 표정까지 모두 언어의 역할을 한다. 겁이 많은 사람들은 남들과 대화하는 것을 수줍어하기 때문에 대화를 할 때 상대의 눈을 똑바로 쳐다보지 못한다. 그래서 그런 이들은 사람들에게 차갑고 냉정하다는 인상을 주기 쉽다. 이것이 바로 보디랭귀지다. 불안감과 두려움 때문에 나타나는 행동이 보디랭귀지가 되어 상대에게 냉담함과 무례함으로 받아들여지는 것이다.

미소를 짓거나 몸을 앞으로 기울이거나 반갑게 악수하고 상대의 눈을 똑바로 쳐다보는 등의 단순한 동작으로 타인에게 다정하고 친절하다는 인상을 줄 수 있다.

평정심을 유지하라

사람의 마음가짐에 가장 큰 영향을 미치는 것은 성격과 이해관계다. 눈앞의 이익에 너무 집착하면 평정심을 유지할 수 없다. 요가를 하거나 음악을 듣는 등 자기만의 방법으로 평정심을 유지하려고 노력하다 보면 모든 일에는 원인과 결과가 있다는 것을 깨닫고 집착이 줄어들 것이다. 평정심을 유지하기 위해서는 생활습관을 바꾸는 것도 중요하다.

화가 나면 잠시 쉬어라

화가 날 때는 곧바로 말을 하지 말고 속으로 다섯까지 세고 난 후에 말하는 것이 좋다. 아무도 남을 바꿀 수는 없으며 그럴 자격도 없다. 유일하게 바꿀 수 있는 것은 자기 자신뿐이다. 조급하고 충동이 생긴다면 몇 분 정도 시간을 갖고 냉정을 되찾은 다음 마음속의 분노를 표출할 것인지 말 것인지 판단해야 한다.

이런 완충의 시간이 없다면 충동적으로 행동했다가 후회하기 십상이다. 상대가 먼저 화를 냈더라도 곧바로 맞받아치지 말고 상대에게 화낼 수 있는 시간을 충분히 주는 것이 좋다. 상대도 아마 자신의 행동을 금세 후회하게 될 것이다.

조급하게 성공하려고 하지 마라

옛말에 '빨리 가려고 하면 도달할 수 없다'고 했다. 열심히 노력하는 단계에서는 결과를 생각해서는 안 된다. 결과를 생각하면 현실이 더욱 힘겹게 느껴지고 자신이 원하는 결과와는 아직 거리가 멀다고 느껴지면 쉽게 인내심이 약해질 수 있다.

목표를 확실하게 정하라

확실한 목표를 정하지 못하면 자기도 모르게 일정 궤도를 벗어나게 되고 목표에서 점점 멀어질 수 있다. 그러므로 무슨 일을 하든 목표를 명확하게 정하고 목표에 맞게 계획을 세운 다음 계획에 따라 차근차근 추진해나가야 한다.

인터넷이나 TV에 시간을 낭비하지 마라

TV나 인터넷에 오랜 시간을 빼앗기면 충동적이고 조급해진다. 이것은 엄연히 과학적으로 입증된 사실이다. 그러므로 스스로 시간을 정해서 인터넷과 TV에 너무 많은 시간과 정력을 빼앗기지 않도록 주의해야 한다.

자신감은 갑자기 길러지는 것이 아니라 점진적인 노력의 과정이 필요하다. 자신의 신념과 습관을 끊임없이 수정하고 바로잡아야만 강한 자신감과 인내력을 기를 수 있다.

"인내력은 단순한 마음가짐이 아닌, 성공을 위한 필수적인 능력이다."

많은 사람들이 대부분 자신의 능력을 과대평가한
다. 왜 그럴까? 주변 환경을 정확하게 파악하지 못
한 상황에서는 자신이 무시당할까봐 두려워 반사
적으로 자신을 높이 평가하는 것이다. 과대평가
란 자만심이나 자부심과는 다르다. 자신을 과대
평가하는 것은 자기 능력을 객관적으로 판단하는
능력이 부족하기 때문이다.

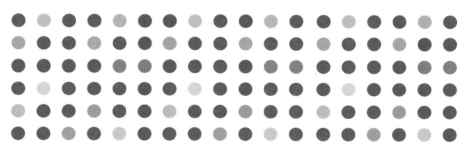

Part 6
남들보다 크게 돌아가라
안목

자신의 눈으로 내다볼 수 있는 곳이
바로 자기 인생의 최대 한계다.

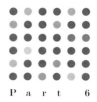

● 안목이 미래를 결정한다

이상을 가진 사람들은 중요한 선택의 갈림길에서 눈앞의 장애물을 넘어 멀리까지 내다보고 앞으로의 장밋빛 미래를 상상한다. 눈앞의 이익에만 급급해 성급하게 결정을 내리지 않고 자신의 흥미, 개인적인 재능, 인생의 이상을 바탕으로 구체적인 인생 계획을 세운다.

인생에서 성장 단계에 있을 때는 눈앞의 이익에 연연하지 말고 원대한 목표와 계획을 세우고 차근차근 계획을 실천해 나가야 한다. 인생에서 얼마나 높은 곳까지 올라갈 수 있느냐는 재능과 실력이 아니라 안목과 시야에서 결정된다.

"자신의 눈으로 내다볼 수 있는 곳이 바로 자기 인생의 최대 한계다."

징역 3년형을 받은 세 사람이 있었다. 감옥에 도착한 첫날 간수가 그들에게 원하는 것을 한 가지씩 말하면 들어주겠다고 했다. 시거를 좋아하는 미국인은 시거 세 상자를 달라고 했고 술 없이는 살 수 없는 러시아인은 보드카 서른 상자를 달라고 했다. 또 유대인은 외부와 통화할 수 있는 전화기를 달라고 했다.

3년 후 출소일이 되자 미국인이 제일 먼저 뛰쳐나왔다. 시거 세 상자를 다 피운 그의 몰골은 초췌하기 그지없었다. 러시아인도 날마다 보드카를 마신 탓에 병색이 완연한 모습으로 비틀거리며 나왔다. 반면 유대인은 제일 마지막에 여유로운 걸음으로 나와 간수의 손을 꼭 잡고 말했다.

"고맙습니다. 당신이 준 전화기로 매일 외부에 통화를 할 수 있었습니다. 지난 3년간 전화로 내게 필요한 정보들을 모두 얻었고, 사업을 다시 시작해 큰돈을 벌었습니다. 당신에게 감사의 뜻으로 벤츠 한 대를 선물하고 싶군요!"

투자에는 멀리 내다볼 줄 아는 안목이 반드시 필요하다는 교훈을 주는 이야기다. 그런데 투자뿐만 아니라 인생 전체를 놓고 보아도 원대한 안목과 목표는 성공의 중요한 조건 중 하나다.

인내력이 강한 사람들은 대부분 원대한 안목을 가지고 있다. 내게 건축을 전공한 두 친구가 있는데 두 사람의 차이가 이 사실을 극명하게 보여준다.

두 친구 중 한 명은 미국 워싱턴대학 건축과로 유학을 갔다. 사실 그는 미국에서 건축을 공부해도 큰 발전 가능성이 없다는 것을 알고 있었다. 미국에는 이미 지을 건물은 다 지어서 건물 신축 수요가 적기 때문이다.

그는 유학을 떠나기 전부터 이 사실을 잘 알고 있었다. 그가 유학을 떠난 목적은 미국에서 정착하기 위함이 아니라 학위 취득 후 다시 중국으로 돌아와 일하기 위해서였다. 그는 중국 건축업의 전망이 매우 밝다고 판단했다. 주택에서부터 상업용 건물에 이르기까지 건물 신축 수요가 한창 증가하는 단계에 있었기 때문이다. 3년 후 학위를 취득하고 귀국한 그는 크게 성공해 유명한 건축가가 되었다.

건축을 전공한 또 다른 친구는 미국에 정착하기 위해 건축을 공부했다. 그런데 부푼 꿈을 안고 미국의 한 대학으로 유학을 떠난 그는 그제야 건축업의 전망이 어둡다는 것을 알았다. 건축을 전공한 학력만으로는 미국에서 취업을 하기가 힘들었다.

당시 미국에서는 IT 붐이 한창이었다. 그러자 그는 건축 공부를 그만두고 IT 관련 분야로 전공을 바꾸었다. 2년 후 학교를 졸업하고 나면 연봉 5만 달러 이상은 받을 수 있을 것이라고 생각했다. 그 정도 연봉이면 미국에서 먹고사는 것은 가능했다. 그 친구는 편입한 후 열심히 공부했지만 처음부터 IT를 전공한 다른 학생들과 비교하면 역시 실력 차이가 컸다.

그런데 그 친구가 졸업할 무렵 미국 IT 산업의 거품이 붕괴되어 IT 분야 졸업생들의 취업이 어려워졌다. 게다가 전공을 바꾸어 중간에 편입한 그는 취업하기가 훨씬 더 힘들었다. 졸업 후 적당한 일자리를 구하지 못한 그는 미국에 정착하겠다는 자신의 꿈을 위해 레스토랑 종업원으로 일하며 겨우 생계를 이어나가야 했다.

두 사람은 똑같이 건축을 전공했지만 안목의 차이가 결과적으로 큰 차이를 낳았다. 중국으로 돌아와 건축가가 되겠다는 포부를 지녔던 친구는 부자가 되어 벤츠를 타고 다니지만, 단지 미국에 정착하는 것이 목표였던 친구는 중고차도 사지 못하고 겨우 입에 풀칠이나 하면서 살고 있다.

어떤 이들은 두 번째 친구가 그저 운이 없었을 뿐이라고 말한다. 운이 좋아서 IT 업종이 계속 호황을 누렸더라면 어렵지 않게 취직해서 6만에서 7만 달러의 연봉을 받았을 것이라고 한다.

물론 그 친구가 IT 분야를 진심으로 좋아해서 힘들게 아르바이트와 학업을 병행하면서 분투했더라면 나도 그가 언젠가는 꿈을 이룰 거라고 굳게 믿으며 응원했을 것이다. 하지만 그가 진정으로 좋아하는 것은 IT가 아니라 건축이다. IT 관련 분야로 전공을 바꾼 후에도 그는 내게 종종 건축 분야로 다시 돌아가고 싶지만 현실적으로 불가능하다고 말했다. 건축 분야를 떠난 지 오래되어 그가 알고 있던 지식들이 대부분 유효하지 않게 되었기 때문이다.

그의 문제는 목표가 너무 근시안적이었다는 데 있다. 그의 목표는 그저 미국에서 정착하는 것이었고 IT를 공부하는 것도 미국에서 일자리를 구하기 위함이었다. IT 분야에 평생을 바치겠다는 등의 야심이나 목표가 없었다.

반면 첫 번째 친구는 멀리 내다보고 건축 분야에서 성공하겠다는 목표를 세운 다음 소신에 따라 중국으로 돌아와 건축가로 성공했다. 원대한 안목을 가졌는지에 따라 인생 전체가 이처럼 달라진다.

이상을 가진 사람들은 중요한 선택의 갈림길에서 눈앞의 장애물을 넘어 멀리까지 내다보고 자신의 흥미, 개인적인 재능, 인생의 이상을 바탕으로 구체적인 인생 계획을 세울 줄 안다.

P a r t   6

아는 길도
크게 돌아가라

레노버 창업자인 류촨즈(柳傳志)의 가장 큰 장점은 현실적인 문제들을 철학적인 관점에서 해결한다는 점이다. 류촨즈는 "길을 크게 돌아가라"고 말한다. 정확한 목표를 세운 후 그 목표를 향해 직진하지 말고 길을 크게 돌아서 다가가라는 뜻이다. 그는 "갑자기 급하게 핸들을 돌리면 시동이 꺼지기 쉽다. 목표를 향해 다가갈 때는 최악의 상황까지 미리 염두에 두어야만 중간에 좌절하지 않고 목표에 도달할 수 있다"고 말한다.

인내력이 강한 사람들은 조급하게 목표를 향해 달리지 않는다. 목표에 도달할 수 있는 가장 빠른 길은 직선 질주인 것 같지만 시시각각 변화하는 요즘 같은 시대에 오로지 목표만을 바라보며 달리는 것으로는 성공의 피안에 도달하기 힘들다.

목표를 향해 달리다가 걸림돌을 만나 급하게 방향을 틀면 크게 다칠 수 있다. 사전에 충분히 준비한 후 크게 길을 돌아가는 것이 실패를 줄이는 현명한 전략이다.

레노버의 발전사를 돌이켜 보면 류촨즈의 이런 신념을 확인할 수 있다. 특히 레노버의 소유 지배구조 개혁에서 이 점이 잘 드러난다.

류촨즈가 소유 지배구조를 개혁하기로 마음먹은 것은 1987년이었다. 하지만 류촨즈는 아직 시기가 무르익지 않았다고 판단하고 적당한 기회가 오기를 기다렸다. 1993년 중국에서 국유기업의 주식제 개혁이 시작되자 이제 때가 되었다고 판단한 류촨즈는 대주주인 중국과학원의 동의를 얻어 '직원 주식보유제'를 시행했다. 물론 직원 주식보유제가 실현된 후에도 레노버는 실질적으로 중국과학원에 예속되어 있었으므로 주식제로의 전환을 위해 크게 한 걸음 내디딘 셈이었다.

그로부터 4년 후인 1997년 류촨즈는 레노버 베이징 법인과 홍콩 법인의 합병을 성사시켰고 다시 4년 뒤인 2001년에 드디어 주식제로의 완전한 전환에 성공했다.

레노버의 지배구조 개혁 과정을 자세히 살펴보면 류촨즈는 주식제로의 개혁이라는 큰 목표를 세워놓고 단계적으로 차근차근 추진했다. 크게 길을 돌아가는 전략이었다. 비록 오랜 시간이 걸리기는 했지만 자기 힘으로 현실을 바꿀 수 없을 때는 일시적으로 타협점을 찾아 한 발 물러선 후에 충분한 준비를 통해 차근차근 목표를 향해 다가가는 것이 현명한 방법이다. 목표를 정조준하고 억지로 일을 성사시키려다가는 자칫 실패해 영영 재기하지 못할 수도 있다. 실제로 레노버와 달리 급하게 주식제로의 전환을 시도했다가 실패해 기업이 통째로 산산조각 난 곳들이 적지 않다.

크게 길을 돌아 목표에 도달하는 전략의 핵심은 목표를 실현하기 위해 충분히 준비하는 데 있다. 특히 직장인들에게는 자기계발을 충실히 하면서 길을 크게 돌아가는 전략이 현실적인 방법이 될 수 있다.

누구나 사회에 첫발을 내디뎠을 때는 몇 번의 이직을 거치곤 한다. 자신이 선택한 직업이 막상 부딪쳐 보니 자신에게 잘 맞지 않는다는 것을 알게 될 수도 있다. 자신에게 맞지 않는 직종에서 일하게 되었다면 어떻게 해야 할까?

장샤오칭이 처음 선택한 직업은 정부 기관의 통역사였다. 남들이 부러워하는 직업이었지만 그녀는 자신의 일이 마음에 들지 않았다. 평생 통역만 하며 살고 싶지는 않았다. 그녀는 과감하게 사표를 쓰고 직장을 그만두었고, 얼마 후 스위스 금융그룹 UBS 베이징사무소에 비서로 취직했다.

출근 첫날 상사는 그에게 자신이 지시한 비서 업무만 열심히 하고 다른 업무에는 관여하지 말라고 당부했다. 금융 분야에 대해 배우며 경력을 쌓고 싶었던 장샤오칭은 몹시 실망했다. 하지만 그녀는 좌절하지 않고 자신의 비서 업무를 완벽하게 처리하는 한편 회사의 규정을 위반하지 않는 범위 내에서 남몰래 다른 직원들이 일하는 것을 유심히 관찰하고 금융 관련 서적을 열심히 읽으며 지식을 쌓았다.

그녀는 중국무역센터 빌딩에서 근무했다. 그런데 어느 날 점심을 먹다가 우연히 같은 빌딩 8층에 있는 회사에서 직원을 구하고 있다는 것을 알게 되었다. 그녀는 점심식사가 끝난 후 곧장 그 회사로 올라가 입사지원서를 제출했다. 며칠 후 그 회사의 면접을 본 후 2시간도 안 되어 그녀에게 전화가 왔다. 비서로 채용하겠다는 것이었다. 하지만 장샤오칭은 비서직이 아닌 사무직에 채용해달라고 요구했다. 장샤오칭의 업무 능력을 높이 산 회사 대표는 그녀의 요구를 들어주었다. 그 회사가 바로 미국의 대형 통신기업인 AT&T의 중국지사였다.

장샤오칭의 성공 비결은 마음에 들지 않는 일에 불평만 늘어놓지 않고 자기 일을 충실히 하면서 한편으로는 새로운 직업을 갖기 위한 준비를 게을리하지 않았다는 데 있다. 그녀는 곧바로 자신이 원하는 직장으로 이직하기 힘들다는 것을 알았기 때문에 실력을 쌓으면서 기회가 오기를 기다렸고, 기회가 왔을 때는 주저하지 않고 재빨리 붙잡았다. 자기 목표를 향해 무조건 직진한 것이 아니라 길을 크게 돌아가는 편을 선택한 것이다.

실력을 쌓으면서 기다리는 법을 모르는 사람들은 미래를 위해 열심히 준비하지 않고 눈앞의 작은 기회에 눈이 멀어 성급한 선택을 한다. 사회 초년생들일수록 이직이 잦으며 1년에도 몇 번씩 회사를 옮길 정도로 자주 이직하는 경우도 있다.

빈번하게 이직을 선택하는 것은 목표를 향해 다가갈 때 직진이 아니라 크게 돌아갈 수 있음을 알지 못하기 때문이다. 여러 직장을 돌아다닌 사람들은 얼핏 보기에는 다양한 업무 경험을 많이 쌓은 듯하지만 대부분 얕팍한 경험일 뿐 그 어느 곳에서도 중요한 핵심 노하우를 배울 수 없다.

나날이 경쟁이 치열해지고 있는 오늘날, 중요한 것은 자신의 능력 범위에 있는 일을 열심히 하고 경험을 쌓으면서 미래를 위해 착실한 준비를 하는 것이다. 그래야만 기회가 찾아왔을 때 놓치지 않고 붙잡을 수 있다.

● 자신에 대한 습관적인
과대평가를 그만두라

누구나 자신의 능력을 조금씩 과대평가하는 경향이 있다. 특히 대다수 남자들은 자신의 지적 능력이나 매력, 리더십이 남들보다 훨씬 뛰어나다고 자부한다.

대학교수의 94퍼센트 이상이 자신의 강의 실력이 다른 교수들에 비해 뛰어나다고 생각한다는 조사 결과도 있다. 이것은 아주 놀라운 사실이다.

많은 사람들이 대부분 자신의 능력을 과대평가한다. 왜 그럴까? 주변 환경을 정확하게 파악하지 못한 상황에서는 자신이 무시당할까봐 두려워 반사적으로 자신을 높이 평가하는 것이다. 과대평가란 자만심이나 자부심과는 다르다. 자신을 과대평가하는 것은 자기 능력을 객관적으로 판단하는 능력이 부족하기 때문이다.

예전에 내 비서였던 셀리나는 항상 자신을 과대평가하는 습관이 있었다.

그녀는 입버릇처럼 이렇게 말했다.

"내가 했더라면 틀림없이 이것보다는 잘했을 거예요."

"이렇게 간단한 문제도 제대로 처리하지 못해요?"

그녀는 그 일이 얼마나 어려운지 진지하게 생각하지 않은 채 섣불리 상대가 얻은 결과를 깎아내렸다. 타인의 입장에서 문제의 원인을 분석하지 않은 채 무턱대고 타인의 능력 부족이 원인이라고 결론을 내린 것이다.

"내가 그 분야를 전공하지는 않았지만 전공한 사람들보다 훨씬 잘해낼 수 있어요."

그녀는 남의 전공이나 실력도 존중하지 않고 자신이 전공자보다 더 잘할 수 있다고 큰소리를 쳤다.

일상생활이나 직장에서 일을 할 때 이처럼 자신을 과대평가하고 타인의 능력을 무시한 적이 없는지 생각해보라.

자신에 대한 습관적인 과대평가는 성공을 가로막는 걸림돌이다. 누구나 성공을 위해 열심히 달리지만 결과는 제각각 다르다는 것을 잘 알고 있을 것이다. 그 원인이 바로 여기에 있다.

톰과 제리는 같은 도시에서 직장을 구하기 위해 동분서주했다. 어느 날 한 회사에서 그들 둘을 채용하겠다고 연락이 왔다. 그 회사가 제시한 직위는 말단 생산직 직원이었다. 두 사람 모두 실망을 금치 못했고, 특히 톰은 자존심이 상해 입사를 거절하고 다른 직장을 찾았다. 반면 제리는 이 회사에 입사해 성실하게 근무했다.

10년 후, 톰은 여러 직장을 전전했지만 여전히 마음에 드는 이상적인 직장을 찾지 못해 불만스러운 생활을 했다. 제리 역시 이상적인 직장을 찾지는 못했지만 말단 생산직에서 차근차근 승진해 그 회사의 사장이 되어 있었다.

제리의 성공 비결은 자신을 과대평가하지 않고 밑바닥부터 시작해 성실하게 일하며 성과를 내고 차츰 능력을 인정받은 것이다. 반면 톰은 자기 능력을 과대평가하고 현실을 직시하지 못했기 때문에 결과적으로 아무것도 이루지 못했다. 이밖에도 자신에 대한 과대평가는 자기 자신에게 커다란 심리적 부담감을 안겨준다.

기업가들을 상대로 설문조사를 실시한 결과 응답자의 80퍼센트 이상이 "스트레스가 너무 많고 부담감이 막중하다"고 대답했다. 자기 능력이 주위의 기대에 못 미친다는 생각 때문에 절반이 넘는 기업가들이 매일 12시간 넘게 일에 매달리고 있다.

기업가들이 창업을 한 후에는 한순간도 마음이 편하지 않고 스트레스, 경쟁, 피로, 초조함이 항상 따라다닌다고 넋두리하는 것을 종종 본다.

왜 그럴까? 왜 이렇게 자신을 힘들게 만드는 것일까? 이것도 역시 자신을 과대평가하기 때문이다. 사회적으로 기업가에 대한 기대치가 크기 때문에 사람들 앞에서 평정심을 유지하기 힘든 것이다. 이런 부담감과 스트레스를 줄이는 방법은 매우 간단하다. 자신에 대한 기대치를 낮추면 된다.

객관적인 현실을 이성적으로 받아들이고 평정심을 가지고 인정해야 한다. 어려운 환경에 복수하겠다는 마음이나 환경과 대립함으로써 생기는 스트레스를 피하고 자신에게 주어진 일들을 차근차근 성실하게 해나간다면 성공에 조금씩 가까워질 것이다.

● 중요한 것부터 **하라**

우리가 매일 하는 일 가운데 성공에 꼭 필요한 일은 일부분에 지나지 않는다. 그러므로 '포기하는 법'을 배워야 한다. 중요하지 않은 일은 과감하게 포기하고 그 시간과 정력을 중요한 일에 투자해야 한다.

일반적으로 목표를 세우고 나면 그 목표를 달성하기 위해 자세한 계획을 세운다. 하지만 계획에 따라 일을 추진했는데도 예상했던 결과가 나오지 않아 목표 달성에 실패하기도 한다. 특히 정작하고자 했던 일은 완수하지 못하고 중요하지 않은 일에 시간을 허비했음을 깨닫게 되는 경우가 많다.

열심히 일했는데도 계획을 완수하지 못했다면 그것은 불필요하고 무의미한 일에 시간과 정력을 쏟아부었기 때문이다. 왜 그럴까? 이유는 아주 간단하다. 시간 관리라는 중요한 요소를 간과하기 때문이다. 시간 관리는 단순히 몇 시에 무엇을 하겠다고 계획표를 세우는 것과는 다르다. 진정한 시간 관리란 일의 경중과 완급을 판단해 가장 중요한 일을 먼저 하는 것이다.

자신의 일정표를 검토해보자. 우선 종이에 그날 해야 하는 일을 다 적어놓은 다음 급하거나 중요한 순서대로 A, B, C, D로 분류한다.

A는 중요하고 급한 일이다. 예를 들면 얼마 남지 않은 시험을 대비한 공부라든가 다음 날 회사에 제출해야 하는 보고서 작성 등이 여기에 속한다.

B는 중요하지만 급하지는 않은 일이다. 예를 들면 외국어 공부나 사교 능력 향상 등이 여기에 속한다.

C는 중요하지는 않지만 급한 일이다. 손님을 맞이하는 일이나 급하게 처리해야 하는 회사의 잡무 등이다.

D는 중요하지도 않고 급하지도 않은 일이다. 인터넷 서핑이나 TV 시청, 소설이나 신문 읽기 등이 그렇다.

분류한 다음에는 어떻게 할까? 아마 대부분은 A에 속하는 일들을 매일의 목표로 삼고 있을 것이다. 하지만 이것은 합리적인 방법이 아니다. 그렇게 해서는 결코 일의 효율을 높일 수 없다. 오히려 날마다 스트레스에 시달려 효율이 더 떨어질 것이다.

일을 효율적으로 처리하는 사람들은 대부분 B에 속하는 일들에 가장 집중한다. 그렇게 하면 20퍼센트의 정력을 투자해서 80퍼센트의 성과를 거둘 수 있다. 이것이 바로 유명한 20/80법칙이다.

A, B, C, D 네 가지 일에 시간을 어떻게 배분해야 할까? 가령 자

유롭게 쓸 수 있는 시간이 10시간 있다면 거의 대부분의 시간을 B에 투자해 일을 잘 해내야 한다. B에 속하는 일들을 모두 끝냈다면 그 다음으로 A의 일을 처리한다. B의 일을 다 해냈다면 A의 일을 할 때 효율을 높일 수 있기 때문이다. A와 B에 해당하는 일들을 모두 완수했다면 해야 하는 일의 80퍼센트는 끝낸 셈이다. 그러면 나머지 시간에 C와 D의 일들을 자유롭게 하면 된다.

이런 시간 관리의 핵심을 모르는 사람들은 하루 종일 바쁘게 뛰어다니면서도 해야 하는 일의 30~60퍼센트밖에는 해내지 못한다. 반대로 시간 관리의 핵심을 알고 있는 사람들은 매일 남들보다 30퍼센트 정도 더 많은 일을 해낸다. 이것이 쌓이고 쌓이면 1년 후에는 그 격차가 어마어마하게 커진다.

이것이 바로 효율이다. 해야 하는 일이 아무리 많아도 그중에서 가장 중요하고 가장 빨리 '떨쳐내야 하는' 고민을 제일 먼저 해결해야 한다.

날마다 해야 하는 일들 중 가장 중요한 일을 하는 것은 남들보다 앞설 수 있는 중요한 방법이다. 매일 이런 방법으로 일한다면 시간이 갈수록 일이 점점 수월해지고 몸과 마음의 피로와 스트레스도 점점 줄어들게 될 것이다.

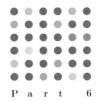

● 일의 영양가를
파악하라

    우리는 매일 바쁘게 살아가고 있다. 빽빽하게 적힌 일정표를 보며 그 일들을 돈으로 환산하면 얼마나 될지 생각해본 적이 있는가? 쏟아붓는 시간만큼 성과를 거두고 있는가?

    자신에게 주어진 일만 기계적으로 하는 것은 현명한 일이 아니다. 모든 일이 시간과 정력을 쏟아부을 만큼 가치 있는 것은 아니기 때문이다. 모든 일에는 경중과 완급이 있다. 이것을 구분하지 않으면 중요하지 않은 일에 너무 많은 시간과 정력을 소비해 진정으로 중요한 일은 소홀히 하게 될 수 있다. 그러므로 모래 속에서 금을 찾아내는 법을 배워야 한다.

    미국의 한 제강사 사장이 회사의 홍보 전문가에게 어떻게 하면 계획을 효과적으로 수행할 수 있는지 물었다. 홍보 전문가는 대뜸 백지 한 장을 건네며 다음 날 해야 할 일 중 가장 중요한 일 여섯 가지를 적어보라고 했다. 사장은 날마다 해야 하는 일들이 아주 많았지만 그중 여섯 가지만 적어놓으니 아주 간단했다.

홍보 전문가가 말했다.

"이제 그 여섯 가지 일들을 중요한 정도에 따라 순서대로 배열해 보세요."

사장은 5분 만에 여섯 가지 일에 순서대로 번호를 매겼다.

그러자 홍보 전문가가 말했다.

"좋습니다. 이제 그 종이를 주머니에 넣고 내일 아침에 꺼내 종이에 적힌 순서대로 제일 중요한 일부터 하세요. 다른 일들은 그 여섯 가지 일을 모두 끝마친 후에 하셔야 합니다. 매일 이런 방식으로 일을 처리하도록 하세요."

한 달 후 홍보 전문가는 사장으로부터 2만 5000달러짜리 수표가 동봉된 편지 한 통을 받았다. 편지에서 사장은 자기 일생에서 가장 가치 있는 것을 배웠다며 고마움을 표시했다.

5년 후 이 작은 회사는 세계 최대 제강사로 발돋움했다.

주의해야 할 것은 급하다고 해서 꼭 중요한 일은 아니라는 점이다. 목표를 정확하게 세우고 그 목표에 도달하려면 무엇을 해야 하는지 명확하게 알아야만 핵심을 파악하고 일상적인 일들을 처리할 수 있다.

중요하지 않은 일들을 처리하느라 정신없이 바쁘게 일하는 것은 비효율적이다. 핵심적인 일에 정력과 시간을 투자해야 한다. 80퍼센트의 시간을 중요한 일에 투자하고 나머지 20퍼센트의 시간을 중요하지 않은 일에 투자해야 한다.

그렇게 하루하루가 쌓이다 보면 큰 성과를 거두게 될 것이다. 모든 일을 하루에 다 처리할 수 없다면 중요하지 않은 일들은 다음 날로 미루고, '영양가' 없는 일들은 아예 '휴지통' 폴더로 옮겨버려도 무방하다.

그렇다면 일의 '영양가'를 판단하는 기준은 무엇일까? '영양가' 없는 일이란 예를 들면 이런 것들이다.

타인을 위한 일

일반적으로 타인을 위한 일들은 자신에게는 그리 '영양가'가 없다. 타인을 위한 일에만 열중한다면 자신을 위한 가치 있는 일은 제대로 해낼 수 없다. 친구가 별로 중요하지 않은 일을 도와달라고 부탁한다면 아무리 작은 일이라도 주의력이 분산되고 시간을 낭비하는 것은 물론이고 중요한 일을 그르치게 될 수도 있다. 하지만 사람들은 대부분 친구가 부탁한 일을 매우 중요하게 여긴다. 친구가 자신에게 어떤 일을 부탁했다는 것 자체가 자신을 신뢰한다는 의미라고 생각하기 때문이다. 그런데 그런 일들은 사실 자신에게는 아무 가치도 없다. 시간과 정력이 충분하다면 남의 일을 도와주어도 큰 문제가 되지 않겠지만 자기 일만 하기에도 시간이 부족하다면 남을 돕는 일은 거절해야 한다. 도와주었다가 만약 그 일을 제대로 해내지 못한다면 친구에게 신뢰를 잃고 자신의 급하고 중요한 일까지 그르칠 수 있기 때문이다.

잘하지 못하는 일

자신이 잘하지 못하는 일을 하는 것은 배를 타고 강물을 거슬러 노를 젓는 것처럼 힘만 들 뿐 별 성과를 얻을 수 없다. 상사로부터 자신이 잘하지 못하는 업무를 지시받았을 때 사람들은 대부분 상사가 자신을 신임한다고 생각해 열심히 하려고 노력한다. 그러나 전문적인 일은 그 분야의 전문가에게 맡겨야 한다. 자신이 잘하지 못하는 일을 하는 것은 득보다 실이 더 많다. 새로 맡은 업무에서 별다른 성과를 내지 못할 뿐 아니라, 기존에 자신이 하던 업무에도 차질이 생겨 정해진 시간 내에 끝마치지 못해 오히려 상사에게 질책을 당할 수 있기 때문이다.

단순한 일상 업무

회사의 전 직원이 자신의 월급이 정확하게 지급되었는지 확인하기 위해 회계 담당자 앞에 긴 줄을 서 있고 회계 담당자는 직원들의 급여를 일일이 대조하며 설명해주고 있다고 치자. 이때 회계 담당자가 하고 있는 일이 바로 단순한 일상 업무다. 이것이 회계 담당자가 당연히 해야 할 직무라고 생각할 수도 있다. 물론 회계 담당자는 직원들에게 급여가 어떻게 계산된 것인지 설명해야 할 의무가 있다. 그런데 이렇게 직원들에게 일일이 설명해주는 것은 전 직원의 시간을 낭비하는 것이다. 직원들의 급여명세서를 작성해 개개인에게 전자우편으로 발송한다면 모두의 시간과 정력을 아낄 수 있다.

남들이 관심 없는 일

남들이 관심 없는 일을 계속 하는 것은 자기 자신은 물론이고 남들에게도 시간 낭비다. 우리 주변에서도 이런 경우를 흔히 찾아볼 수 있다. 예를 들면 회사에서 직원들에게 매일 업무시간 전에 돌아가면서 독후감을 발표하도록 했는데 직원들 모두 관심도 없고 흥미도 없다면 그저 귀찮고 형식적인 일이 될 수밖에 없다. 무슨 일이든 사람들이 의미 있다고 여겨야만 오랫동안 지속될 수 있다. 남들이 관심 없는 일을 하는 것은 자신에게 아무런 이득도 되지 못하므로 되도록 빨리 그만두는 것이 좋다.

따분하고 오랜 시간이 걸리는 일

자신의 직무와 관계없는 장시간 회의에 참석하는 것이 전형적인 예다. 회의에 참석하면 회사의 발전 상황을 알 수 있을 것이라는 생각에 자신의 직무와 아무런 관계도 없는 회의에 참석하는 경우가 종종 있다. 하지만 회의 참석은 그저 예의를 차리는 일일 뿐이다. 별로 얻는 것도 없이 길기만 한 회의에 시간과 정력을 소모하는 것은 현명한 일이 아니다. 이런 경우에는 회의에 불참하고 그 시간과 정력을 중요한 일에 투자해야 한다. 물론 회의에 불참한다는 사실을 크게 떠벌리지 말고 슬며시 불참해야 한다. 일반적으로 시간이 오래 걸리는 일 치고 큰 이득을 얻을 수 있는 일은 별로 없다.

시간비용이 너무 드는 큰 일

예상보다 훨씬 많은 시간이 소요되고 투자한 시간만큼의 효과나 진전을 거둘 수 없다면 그 일은 시간비용이 너무 큰 것이므로 빨리 포기할수록 좋다. 예를 들어 수학 시험을 보다가 어려운 문제에 부딪혔을 때 한참을 계산해도 답이 나오지 않는다면 안타깝지만 그 문제는 포기하고 다음 문제로 넘어가야 한다. 그 문제는 시간비용이 너무 커서 설령 답을 계산해낸다 해도 다음 문제들을 풀 시간이 부족해져 오히려 손해를 볼 수 있기 때문이다.

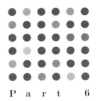

● 사소한 일에 연연하는
사람을 멀리 하라

세 스님이 우물에서 물을 길어 손잡이가 세 개 달린 멜대에 물동이를 매달아 어깨에 메고 비틀거리며 절로 돌아가고 있었다. 그런데 뜻밖에도 중간쯤에서 다리가 나타났는데 폭이 좁아 두 사람만 겨우 지나갈 수 있었다. 세 명이 메어도 무거운 물동이를 둘이 메고 건너게 된 것이다. 그러자 세 스님은 서로 물동이를 들지 않겠다고 다투기 시작했다. 급기야 아무도 양보하지 않고 아예 바닥에 주저앉아 티격태격 싸우기 시작했고 한참이 지나도록 아무도 다리를 건널 수 없었다. 조금도 손해를 보지 않으려는 세 사람의 이기심 때문에 다리를 건너는 단순한 문제가 해결하기 힘든 난제가 되어버린 것이다.

과장된 이야기인 것 같지만 현실에서도 이와 비슷한 경우를 종종 만날 수 있다. 무슨 일을 하든 아주 작은 손해조차 보지 않으려하고 자신에게 작은 손해라도 생기면 참지 못하는 사람들이 있다.

단합은 포용과 아량에서 나온다. 이렇게 사소한 것에 연연하는 사람들과 함께 있으면 인내심을 잃기 쉽기 때문에 일을 순조롭게 처리할 수 없고 단합의 분위기를 해칠 수 있다.

일에서든 일상생활에서든 남달리 계산적인 사람들을 만나곤 한다. 그들은 사소한 득실에 심하게 연연하고 아주 작은 이익 때문에 동료들과 얼굴을 붉히며 다투기도 한다. 얼핏 보면 그들이 항상 이득을 얻는 것처럼 보인다. 가령 회사에서 전 직원에게 선물을 나누어 주는데 모두 나누어주고 하나가 남았을 때 마치 원래 자기 것인 양 그 선물을 가져간다거나, 상사가 갑자기 급한 업무를 지시할 때 번거로운 일인 것 같으면 재빨리 핑계를 대 다른 동료에게 떠밀어 버린다거나 하는 사람이 있다. 그런데 이런 행동이 겉으로는 이득을 얻는 것 같지만 사실은 자신의 이미지를 실추시키고 인간관계에 해를 끼치기 때문에 득보다 실이 훨씬 크다.

동료 관계에서 가장 피해야 하는 행동은 사소한 득실에 연연하는 것이다. 동료들을 항상 너그러운 태도로 대한다면 그들과 원만한 관계를 유지하고 불필요한 다툼을 피할 수 있다.

직장은 생활환경, 관심사, 성격 등이 제각각인 사람들이 모여 일하는 곳이기 때문에 자연히 여러 부류의 사람들을 만나게 된다. 이런 환경에서 원만한 인간관계를 유지하는 것은 누구에게나 쉽지 않고 또 피할 수 없는 일이다. 사소한 일에 연연하고 작은 이익 때문에 화를 내고 동료들과 다툰다면 안정적으로 업무를 처리할 수 없으므로 업무 효율도 떨어질 수밖에 없다.

타인에게는 너그럽고 자기 자신에게는 엄격하게 대하며 사적인 득실에 연연하지 않고 동료들과 지낸다면 직장에서 원만한 인간관계를 맺을 수 있을 것이다.

자신은 조금도 손해 보지 않으려 하고 남의 손해는 전혀 개의치 않는 사람들은 동료들과 원만한 관계를 유지할 수 없다. 이렇게 이기적인 행동은 타인의 반감을 사기 때문이다. 사소한 이득을 얻으려다가 인간관계가 무너져 득보다 실이 큰 경우가 적지 않다. 작은 이익을 포기한다고 해서 자기 앞날에 큰 피해를 입는 것도 아니다. 그러므로 작은 이익에 연연하지 않고 양보하는 태도로 남들의 호감을 얻는 편이 자신에게 훨씬 이롭다.

작은 손해를 보고 이익을 적당히 양보하며 타인을 위해 자신이 할 수 있는 일을 해주는 것은 자신의 능력을 보여주는 동시에 동료들과 돈독한 관계를 맺을 수 있는 좋은 방법이다.

평생 손해만 보면서 살 수는 없듯이 평생 한 번도 손해 보지 않고 살 수도 없다. 손실에 대해 이성적인 태도로 대해야 원만한 인간관계를 유지할 수 있다.

사람과 사람 사이의 왕래가 절대적으로 공평할 수는 없다. 누군가 이득을 얻으면 누군가는 반드시 손해를 보게 된다. 세상 모든 것이 공평하고 합리적일 것을 강요한다면, 생태계의 먹이사슬도 지탱될 수 없다. 새는 벌레를 먹고 벌레는 나뭇잎을 갉아먹어야만 자연의 균형이 유지되고 만물이 존재할 수 있다.

어차피 손해를 피할 수 없다면 굳이 자신을 괴롭힐 필요가 없지 않은가? 세상 사람이 다 똑같을 수는 없다. 남들이 자신보다 더 많은 이득을 얻고 더 잘사는 것을 부러워할 필요는 없다. 아무리 원망해도 현실을 바꿀 수는 없으므로 자신과 남을 비교하지 않는 것이 가장 현명한 태도다. 중요한 것은 자기 자신에게 집중하고 능력을 길러 남들보다 더 잘할 수 있도록 노력해야 한다는 점이다.

● 명확한 가치관을
지켜라

   똑같은 일이라도 사람마다 보는 관점이 다르고 대처하는 방법도 다른 이유는 무엇일까? 가치관이 다르면 중점을 두는 곳이 다르기 때문에 어떤 가치관을 가지고 있느냐에 따라 인생이 달라진다.

   미국의 교육가 루이스 래츠(Louis Raths)는 가치 명료화 모형을 제시했다. 그는 인간의 가치관은 선택, 존중, 행동이라는 3단계를 거쳐 형성되며 "어떤 것에 가장 중점을 두는가?"라는 문제가 바로 가치관을 결정한다고 주장했다.

   스스로에게 "어떤 것에 가장 중점을 두는가?"라고 질문해보자. 이 질문에 대한 대답이 바로 자신의 생각과 행동을 결정하고 선택의 기준이 된다.

   사람은 누구나 자기만의 가치관을 가지고 있으며 그 가치관에 따라 옳고 그름과 좋고 싫음이 결정된다. 그런데 가치관이 모든 행동을 결정하는데도 난감한 상황에서 주저하며 결정을 내리지 못하는 이유는 무엇일까? 그것은 우리가 이런 상황에서 가장 중요한 가치가 무엇인지 모르기 때문이다.

자신이 진정으로 원하는 것이 무엇인지 알고 있는가? 이 질문에 대답하지 못한다면 자신에게 이렇게 질문해보자.

"현재 어떤 평판을 얻고 있는가? 앞으로 어떤 평판을 얻기를 원하는가?"

아리스토텔레스는 인간의 궁극적인 목표는 개인의 행복을 얻는 것이라고 했다. 행복은 어디에서 올까? 인간의 외면적인 행동과 내면적인 가치관이 일치할 때 행복은 자연스럽게 우러나오는 법이다. 그러므로 자신이 진정으로 원하는 것이 무엇인지 정확하게 알고 자신의 가치관을 명확하게 세우는 것이 행복의 바탕이다. 그래야만 자신에게 중요한 것이 무엇인지 알 수 있고 그 가치관에 따라 행동함으로써 행복에 가까이 다가갈 수 있다.

다음은 자신의 가치관을 정확하게 파악하기 위한 방법이다.

첫째, 종이에 자신이 가장 중요하게 생각하는 인생의 가치를 3~5개 적는다. 그런 다음 그중에서 가장 중요한 것이 무엇인지 고른다.

둘째, 남들이 칭찬하는 자신의 성격이나 인간성을 적는다.

셋째, 주변 사람들과 왕래하면서 가장 중요하게 여기는 점이 무엇인지 적는다.

넷째, 돈에 대한 자신의 생각을 솔직하게 적는다.

다섯째, 자신이 생각하는 이상적인 사람은 어떤 모습인지 적고 자신이 그 기준에 부합하는지, 어떤 사람이 되고 싶은지 자세히 적는다.

여섯째, 자신의 행동과 가치관이 일치하도록 하려면 어떻게 해야 하는지 자세히 적는다.

위의 순서대로 했다면 지금까지 적은 내용을 자세히 읽어보라. 자신이 어떤 가치관을 가지고 있는지 이전보다 더 명확하게 알 수 있을 것이다.

● 자아상 **바꾸기**

스스로 '실패하는 유형'이라고 생각하는 사람은 아무리 높은 이상을 가지고 강한 의지로 열심히 노력해도 어느 순간에 갑자기 아무 이유도 없이 좌절하고 실패할 수 있다. 또 좋은 기회를 만났으면서도 단단히 붙들지 못하고 놓쳐버리기도 한다. 가령 자신이 이 사회의 희생양이라는 피해의식을 가지고 있다면 언젠가는 자신에게 재앙이 닥칠 것이라고 믿게 되고, 자기 주변에서 일어나는 일들이 모두 자신의 이런 믿음을 증명하는 것처럼 보이게 된다.

왜 그럴까?

자아상(Self Image)이 모든 것을 결정한다. 자아상이란 자신의 능력이나 역할에 대한 자기 자신의 평가와 견해로, 일종의 전제이자 바탕이다. 사람의 성격적 특성과 언행, 심지어 다른 분야의 특징까지도 모두 자아상을 기반으로 하고 있다. 사람이 하는 모든 행동은 자아상을 증명하고 확고하게 하기 위한 것이다. 다시 말해 한 사람의 인생은 어떤 자아상을 가졌느냐에 따라 달라진다.

나이가 많은데도 자아상을 바꿀 수 있느냐고 묻는 사람들도 있을 것이다. 물론이다. 자아상을 바꾸는 것은 나이와 무관함을 증명하는 사례들이 수없이 많다. 인생의 어느 단계에 있든 자아상을 바꾸어 새로운 생활을 시작할 수 있다.

"자아상을 바꾸려고 노력해보았지만 아무 소용도 없었어요"라고 푸념하는 사람들이 있다.

이것은 특정한 외부 환경이나 자신의 특정한 습관, 성격상의 단점 등에만 집중할 뿐 자신이 원하는 것을 얻기 위해 자신의 생각을 어떻게 바꾸어야 하는지 진지하게 생각해본 적이 없기 때문이다.

'적극적인 사고'를 통해 자아상을 바꾸려는 노력이 가장 중요하다. 자기 자신을 소극적으로 평가한다면 생활을 바꿀 수 없다.

진정으로 원하는 것을 얻기 위해서는 자신에게 걸맞은 현실적인 자아상을 찾아야 한다. 그래야만 자아가 더욱 건강해지고, 적극적인 생활 태도를 가질 수 있으며, 부끄러움이나 자괴감 없이 자아를 표현할 수 있다.

아인슈타인과 마이클 조던은 모두 자아상을 훌륭하게 바꾼 이들이다. 아인슈타인이 이룬 성과들은 모두 무한한 상상력에서 나온 것들이다. 한 예로 그는 자신이 광속으로 날아가는 광양자라고 상상하고 광양자인 자신이 무엇을 보고 느낄 수 있는지 상상했다. 이런 상상이 아인슈타인에게 창조적인 에너지를 부여했다.

마이클 조던은 고등학교 때까지 키가 작다는 이유로 학교 농구

팀에 들어갈 수 없었다. 하지만 조던은 포기하지 않고 자신에게 "198센티미터까지 키가 커야 해"라고 날마다 수없이 말했다. 꿈에서도 말할 정도였다. 그 결과 그는 키가 198센티미터까지 컸을 뿐 아니라 '농구 황제'가 되었다. 조던이 자신에게 수없이 했던 말이 그에게 자아상을 심어주었던 것이다.

훌륭한 자아상을 가지려면 어떻게 해야 할까? 가장 중요한 것은 자아상을 형성하기 위한 소중한 재료가 필요하다.

이런 재료를 찾으려면 자아를 정확히 알기 위해 노력해야 한다. 자신의 장점과 약점이 무엇인지 정확하게 알아야 한다는 뜻이다. 장점이든 약점이든 솔직하게 받아들여야만 가장 진실한 자아상을 가질 수 있다.

자신의 자아를 정확하게 파악했다면 이제 자아상을 수립하기 위한 재료들을 수집하자. 자신이 가장 존경하고, 되고 싶은 위인이나 성공한 사람들의 기사를 모아 스크랩북을 만들어보는 것도 좋은 방법이다. 자신이 추구하는 인격과 이상을 대표하는 인물들을 각 분야별로 분류해서 스크랩해야 한다.

또한 그들의 특별한 성품에 주목해야 한다. 이런 재료들은 다행히도 대부분 그들의 전기나 자서전, 신문, 잡지 등에서 얻을 수 있다. 그들의 성격과 특징에 대해 자세히 분석하고, 특히 그들이 어떤 분야의 자질이 부족했는지, 어떤 독특한 성품으로 성공을 거두었는지 자세히 알아본다. 이렇게 하면 자신의 상상력에 소중한 재료를 덧붙일 수 있다. 이런 재료들을 바탕으로 더 강하고 목표지향적인 자아상을 수립한다면 성공하는 데 도움이 될 것이다.

닮고 싶은 유명인사에 관한 자료들을 수집하고 우상의 습관, 성품 등을 자세하게 알아보자. 그러기 위해서는 그들이 쓴 책이나 그들의 기사가 실린 신문, 잡지 등을 통해 그들의 인생관과 가치관을 연구해야 한다. 특히 사회적으로 중요한 사건이 발생했을 때 그에 대한 그들의 의견을 자세히 알아야 한다. 요컨대 자신의 우상에 대해 자세히 이해하고 그들과 비슷한 생각을 가지도록 노력한다면 바람직한 자아상을 가질 수 있을 것이다.

● 부정적인 감정을 떨쳐내는
세 가지 방법

누구나 가지고 있는 여러 가지 부정적인 감정들은 성공으로 가는 길에 걸림돌이 된다. 부정적인 감정은 사람의 심신을 피곤하게 하고 심지어 무기력함을 유발하기도 한다.

다음은 부정적인 감정을 떨쳐내기 위한 몇 가지 방법들이다.

첫째, 핑계를 찾지 않는다. 예를 들면 시험 성적이 좋지 않다고 해서 의기소침하지 말고, 문제의 원인과 자신에게 어떤 문제가 있었는지 분석하는 한편 앞으로 어떻게 할 것인지 대책을 세운다. 이것이 경험에서 교훈을 얻는 방법이다.

둘째, 자기합리화를 하지 않는다. 부정적인 감정이 나타나는 중요한 원인은 자기합리화다. 자기합리화는 자신이 받아들일 수 없는 결과에 대해 합리적인 이유를 찾으려는 것이다. 이런 일시적인 도피로는 문제를 해결할 수 없을 뿐만 아니라 오히려 부정적인 감정만 더 커지게 된다.

셋째, 남의 시선에 너무 신경 쓰지 않는다. 남이 자신을 어떻게 보는지 과도하게 신경 쓰는 것은 자신감이 없기 때문이다. 남의 시선에 민감하게 반응하면 부정적인 감정을 갖기 쉽다. 남이 뭐라고 하든 크게 개의치 않고 자신의 길을 가는 것이 좋다.

넷째, 자기 자신에 대해 책임을 지는 것이다.

"나는 내가 책임진다."

이렇게 말하는 것은 에너지를 발산할 수 있는 간단하면서도 효과적인 방법이다. 화가 나고 의기소침할 때 자기 자신에게 '내가 책임질게'라고 말하는 것만으로도 부정적인 감정에서 벗어나 적극적인 생활 태도를 가질 수 있다.

몇 년 전 뉴욕 시에서 실시한 설문조사에서 각 업종에서 상위 3퍼센트 내에 드는 사람들과 그렇지 않은 평범한 사람들 사이에 두드러진 차이가 있음이 밝혀졌다. 우수한 인재들은 자기 자신이 기업이며, 스스로 그 기업을 경영한다는 마인드를 가지고 일하기 때문에 자신이 하는 모든 업무에 대해 전적으로 책임지려고 했다. 자기 자신을 경영한다는 생각을 가지고 자신이 하는 모든 행동을 책임지고 자신의 행동이 현재의 상황과 앞으로의 미래를 결정한다는 사실을 명심해야 한다.

마지막으로 남을 탓하지 않는 것이다. 남을 탓하지 않는 것은 핑계를 찾아 자기 합리화를 하지 않는다는 것을 뜻한다. 잘못을 저질렀다면 "죄송합니다"라고 말하고 잘못을 수습하고 문제를 해결하기 위해 노력해야 한다. 자꾸만 남을 탓하고 남에게서 핑계를 찾는 것은 책임감 없는 태도다.

책임과 행복감은 밀접한 관계가 있다. 자신이 맡은 책임이 클수록 자기 통제력이 강해지고 자신감과 행복감도 커진다.

이 방법들만 명심해도 평소 우리가 쉽게 가지게 되는 부정적인 감정들을 떨쳐버릴 수 있을 것이다.

"인내력은 단순한 마음가짐이 아닌, 성공을 위한 필수적인 능력이다."

성실함과 꾸준함보다 더 훌륭한 성공 비결은 없다. 나폴레온 힐은 "차근차근 한 걸음씩 나아가는 것이 목표를 실현할 수 있는 유일한 방법이다"라고 말했다. 가끔 하루아침에 성공한 것처럼 보이는 사람들도 있지만 화려해 보이는 모습의 이면에 남들이 알지 못하는 부분이 더 많다는 것을 알아야 한다. 우연한 성공은 없다.

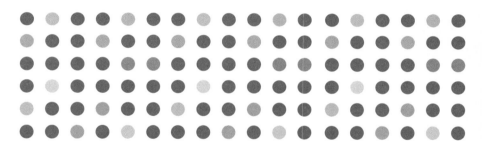

최악의 상황에 대비하라

계획

실패하면 어떤가?
실패해도 그저 원점으로 돌아갈 뿐이다.
다시 원점으로 돌아갔으니
대단히 손해 본 것도 아니다.

● 어차피 원점으로
돌아간다는 마음

"새로운 도전과 마주칠 때마다 나 자신에게 이렇게 묻는다네. 최악의 결과가 나온다면 어떻게 해야 할까?"

한 친구가 내게 한 말이다.

누구나 위험을 두려워한다. 그렇기 때문에 선택의 갈림길에서 선뜻 결정하지 못하고 망설인다. 그런데 위험은 두렵기는 하지만 다른 한편으로는 안전하게 지켜주는 방어막이기도 하다. 위험을 인식하면 더 신중하게 일을 처리하게 되고, 그럴수록 잠재적인 위험이 줄어들기 때문이다.

한 번은 새 프로젝트를 구상하기 위해 사전 조사를 했는데 조사 기간이 너무 짧아 최종 결정을 내릴 수 없었다. 며칠 동안 망설이며 고민하고 있을 때 한 커피숍에서 우연히 친구와 마주쳤다. 몇 년 만에 만난 친구와 반갑게 대화를 나누다가 내 고민을 이야기하게 되었다. 친구는 내 이야기를 듣자마자 빙그레 웃으며 물었다.

"최악의 상황에 대해 생각해봤어?"

그 친구는 10년 전까지만 해도 가진 것이라고는 꿈이 전부인 가난한 청년이었다. 친구는 많은 자본금이 필요하지 않은 고물상을 시작했다. 처음에는 작은 수레를 직접 끌고 다니며 거리 곳곳에서 고물을 수거했고 그렇게 모은 돈으로 폐가전제품을 매입하거나 수거하는 가게를 열었다.

성실하게 일한 덕분에 친구는 몇 년 만에 꽤 많은 돈을 모았고, 식품 사업에 투자할 수 있는 기회가 찾아왔다. 지금까지 모은 돈을 전부 투자하면 식품공장을 곧 가동시킬 수 있었다. 그 사업이 성공한다면 친구는 3년 안에 백만장자가 될 수 있었다. 물론 그만큼 위험성도 있었다. 사업이 실패한다면 지금까지 모아놓은 돈을 통째로 날리고 무일푼이 될 수 있었다. 친구는 고민 끝에 식품 사업에 뛰어들기로 결심했다.

몇 달 후 공장에서 첫 제품이 출하되었다. 하지만 여러 가지 이유로 인해 판로가 열리지 않아 재고가 쌓였다. 친구는 고액 연봉을 주고 그 분야의 베테랑을 회사에 영입하는 결단을 내렸다. 결과적으로 친구는 식품 사업에서 큰 성공을 거두었다. 주변 사람들이 그에게 완전히 생소한 분야인 식품 사업에 진출할 당시 두렵지 않았느냐고 묻자 그는 이렇게 대답했다.

"나도 실패가 두려웠죠. 하지만 최악의 결과가 나온다 해도 기껏해야 다시 원점으로 돌아갈 뿐이라고 생각했습니다. 다시 수레를 끌고 폐품을 수거하면 그만이니까요. 그렇게 생각하니 실패가 크게 두렵지 않았습니다."

대부분의 사람들은 결과를 예측하기 힘든 선택을 할 때 이득을 얻을 수 있는지 없는지에만 관심을 갖는다. 하지만 성공하려면 여러 가지 다양한 요인들을 염두에 두고 고려해야 한다. 특히 이득을 얼마나 얻을 수 있느냐보다는 최악의 결과가 나타날 수 있음을 예상하고, 최악의 경우에 자신이 감당할 수 있는지, 빠르게 대처할 수 있는지를 먼저 고려해야 한다. 만약 최악의 결과를 감당할 수 없겠다는 판단이 선다면 아무리 달콤한 유혹이라도 과감하게 포기해야 한다. 때로는 '최악의 결과가 나온다 해도 기껏해야 다시 원점으로 돌아갈 뿐'이라는 마음으로 초연하고 담담하게 노력했을 때 '최고의 결과'가 나오기도 한다.

예전에 나의 코칭 프로그램 수강생 가운데 보험컨설턴트가 있었다. 그녀는 회사에서 실적 1위를 자랑하는 최고의 보험판매왕이었다. 하루는 마케팅 전문가를 강사로 초빙해 수업을 진행했다. 마케팅 전문가는 수강생들에게 눈을 감고 지금 자신이 고객의 집 앞에 있다고 상상하라고 했다.

마케팅 전문가가 물었다.

"지금 어디에 있나요?"

수강생들이 대답했다.

"고객의 집 앞에 있어요."

"좋습니다. 지금 무엇을 하고 싶은가요?"

"고객의 집 안으로 들어가고 싶어요."

"고객의 집 안에 들어갔을 때 최악의 상황이 어떨지 상상해보세요."

그때 보험판매왕인 수강생이 말했다.

"고객에게 쫓겨나는 거죠. 최악의 결과라고 해봤자 그뿐이에요."

마케팅 전문가가 물었다.

"고객에게 쫓겨나면 어디로 가게 되나요?"

그녀가 태연하게 대답했다.

"역시 그 고객의 집 앞이죠."

마케팅 전문가가 수강생 모두를 향해 말했다.

"최악의 결과라고 해도 기껏해야 원점으로 돌아가는 것뿐입니다. 자, 여러분, 아직도 두려우신가요?"

실패하면 어떤가? 실패해도 그저 원점으로 돌아갈 뿐이다. 다시 원점으로 돌아갔으니 대단히 손해 본 것도 아니다. 인생 경험이 풍부해졌으므로 오히려 실패가 득이 될 수도 있다.

최고의 희망을 가슴에 품고 최악의 결과에 대비하는 것이 바로 성공의 비결이다.

Part 7

● 잠재된 위험을
최소화하라

   최악의 상황을 충분히 고려하고 받아들일 마음의 준비를 마쳤다면 이제는 위험을 최대한 줄여 최악의 상황이 발생하지 않도록 해야 한다. 최악의 결과에 적극적으로 대처하는 것을 바로 '적극적인 비관주의'라고 한다.

   내 동업자 웰스는 탐험을 좋아하는 미국인이자 내가 지금까지 본 사람 중 최고의 적극적 비관주의자다. 그에게 비관과 낙관 사이에서 균형을 유지하는 비결에 대해 묻자 그는 이렇게 대답했다.

   "나는 항상 가장 비관적인 관점에서 부정적인 요인들을 예측하지만 가장 적극적인 방식으로 그것들에 대처한다네. 이런 나를 이해할 수 없다면 자넨 탐험에 어울리지 않아. 이게 바로 탐험의 매력이기 때문이지. 내가 위험한 곳을 여러 번 탐험했지만 한 번도 부상을 입거나 조난을 당하지 않은 것은 사전에 '완벽한 계획'을 세웠기 때문이야. 새로운 상황과 맞닥뜨렸을 때 나는 먼저 일어날 수 있는 모든 상황을 예측한다네. 발생 가능성이 있는 상황들을 자세히 적어놓고 각각의 상황에 대한 대책을 세우지. 그러면 위험이 발생할 가능성을 낮출 수 있어. 내 헬기에는 항상 잘 정비된 구명보트와 아주 고가의 구명등까지 실려 있지. 헬기가 바다에 추락해도 구명보트가 날 살려줄 거야."

웰스는 아주 훌륭한 적극적 비관주의자다. 그는 비관적인 태도로 잠재적인 위험을 예측하고 적극적인 방법으로 최악의 상황에 대비한다.

이런 방법은 일상생활에도 적용될 수 있다. 결과를 예측할 수 없어서 결정을 내리지 못하고 망설이고 있는 일이 있다면 그 일들을 종이에 적어놓고 발생할 수 있는 최악의 상황을 적어보자. 그런 다음 만일 최악의 결과가 발생하더라도 정확한 방법으로 대처할 수 있다고 판단된다면 용감하게 그 일을 시작해도 좋다. 그 후에 생각해야 하는 것은, 어떻게 가장 최악의 상황이 발생할 가능성을 줄일 것인가 하는 문제다.

예전에 나의 비서가 꿈에 그리던 한정판 자동차를 살 것인가 말 것인가를 놓고 고민하는 것을 본 적이 있다. 자동차를 사자니 장기 대출을 받아야 하고 안 사자니 한정판이라 다 팔려버릴까 걱정하는 것이었다.

꼭 갖고 싶은 물건 앞에서 살까 말까 고민한 경험이 다들 있을 것이다. 사실 이것은 아주 간단한 문제다. 위험을 무시한다면 그로 인해 큰 대가를 치를 수밖에 없다. 내 비서는 결국 자동차 구입을 포기했다. 만약 그녀가 무턱대고 자동차를 샀더라면 그녀는 불경기라는 외부적인 위험 외에도 더 심각한 잠재적인 위험에 맞닥뜨렸을 것이다. 자동차를 사면 각종 보험도 들어야 하고 자칫 교통사고라도 난다면 거액의 치료비를 지출해야 할 수도 있다.

물론 살다 보면 위험을 미리 알면서도 피할 수 없는 일들이 있다. 현재 하고 있는 일이 진저리나게 싫지만 여러 가지 이유 때문에 그만둘 수 없다거나 배우자와의 관계가 이미 틀어졌지만 아이들을 위해 억지로 결혼생활을 유지하거나 하는 경우들이 그렇다.

이처럼 위험을 미리 알면서도 피할 수 없다면 차분하고 적극적으로 받아들이고 대처해야 한다.

아만다가 나를 처음 찾아왔을 때 그녀는 자신의 일에 이미 염증을 느끼고 있었다. 하지만 회사를 그만두면 다시 취직하기가 어렵기 때문에 울며 겨자 먹기로 회사를 계속 다닐 수밖에 없었다.

그녀의 일은 발전 가능성도 없고 매번 고객들의 불평이 쏟아졌으며, 상사는 뚜렷한 까닭도 없이 그녀를 질책하고 능력을 발휘할 기회를 주지 않았다. 그러나 새 직장을 구하기 전에 무턱대고 사표를 내는 것은 현명한 일이 아니었다. 아만다는 하는 수 없이 남몰래 새 직장을 구하는 한편 회사에서는 자기 업무를 성실하게 수행했다. 그러자 고객들이 그녀의 성실함을 칭찬하고 회사 동료들 사이에서도 그녀에 대한 칭찬이 자자해졌다. 얼마 후 아만다는 뜻밖의 인연으로 새 직장을 구하게 되었다. 그녀의 성실한 근무 태도를 눈여겨본 고객이 더 좋은 직장으로의 스카우트 제의를 했던 것이다.

앞으로 어떤 일을 하든 미리 다음의 사항들을 고려한 후 결정을 내려야 한다.

1. 예측할 수 있는 최악의 상황은 무엇인가?
2. 최악의 상황을 받아들일 수 있는가?
3. 피할 수 없는 일이라면 위험을 담담하게 받아들이고 최대한 적극적으로 대응하라.

만약 이 질문에 대한 대답이 '그렇다'라면 일을 시작해도 좋다. 그러나 대답이 그렇지 않다면, 위험을 줄일 수 있는 방법을 먼저 생각해야 할 것이다. 만약 어떻게 해도 위험을 피하거나 최소화할 수 없다면 그 일은 미련 없이 포기하는 것이 좋다.

10퍼센트의
여유는 남겨두라

    모든 일에는 계획이 필요하다. 집을 지을 때에도 먼저 설계도를 그린 다음에 그에 따라 공사를 진행한다. 누구도 머릿속 상상만으로 큰 건물을 지을 수는 없다. 인생의 각 단계마다 자세한 계획이 필요하다. 그래야만 자신의 가치를 실현하며 살 수 있다. 어떤 일이든 시작하기 전에 미리 계획을 세워놓아야 한다.

    계획도 세우지 않고 목표를 실현하겠다는 것은 헛된 말이다. 그렇다면 계획을 어떻게 짜야 할까? 계획 수립의 첫 단계는 시간 계획이다. 시간을 나누어 매 시간마다 최대한 의미 있는 일을 해야 한다.

    예전에 나의 비서였던 비비안은 항상 밀린 서류와 자료들이 책상에 산더미처럼 쌓여 있었다. 출근 첫날부터 그녀는 오전 시간 내내 잡무를 처리하느라 정신없이 보냈다. 그날 오후 내가 다음 날 오전 회의에 쓸 자료를 달라고 하자 그녀가 깜짝 놀라며 되물었다.

"내일 오전 회의에 쓸 자료라고요? 맙소사! 다른 자료를 만들고 있었어요."

결국 비비안은 출근 첫날부터 밤새도록 야근을 했고, 회의 두 시간 전에야 겨우 내게 자료를 제출했다.

시간 순서 없이 일하는 것은 효율적인 일하기가 아니다. 하루 동안의 시간 계획을 세웠다면 다음 날 무슨 일을 해야 하는지도 계획을 세울 수 있어야 한다.

일을 효율적으로 처리하는 사람은 매일 밤 다음 날 해야 할 일을 머릿속으로 정리한 다음 잠자리에 든다. 아무리 피곤해도 다음 날 걸어야 하는 전화, 만나야 하는 사람, 처리해야 하는 업무를 메모지에 적어놓는다. 메모가 끝났다면 수면에 방해되지 않도록 일에 대한 생각을 훌훌 떨쳐버린 뒤 잠자리에 든다.

시간 계획의 세 번째 단계는 여유 시간을 남겨두는 것이다. 새벽부터 늦은 밤까지 조금의 빈틈도 없이 빽빽하게 계획을 세워놓았는데 만약 예상치 못한 돌발 상황이 발생했다면 어떻게 할까? 한 가지 일 때문에 하루 계획을 모두 망쳐서는 안 된다.

예를 들어 오전 9시에 고객을 만나고 10시 정각에 회의에 참석하도록 계획을 짜놓았는데 고객이 예상치 못한 일로 약속 시간에 늦는다면 어떻게 할까? 중요한 고객이라 그날 반드시 만나야 한다면 10시에 열리는 회의에 참석할 수 있을까?

시간 계획은 구속하거나 족쇄를 채우는 것이 아니라 시간을 합리적이고 유연하게 이용하기 위한 것이다. 일을 유연하고 융통성 있게 처리하기 위해서는 투자할 수 있는 시간의 90퍼센트만 계획에 넣고 10퍼센트의 여유는 남겨두어야 한다.

시간 계획을 세웠다면, 이제 차근차근 일을 처리하면 된다. 날마다 하루를 마감하면서 그날 있었던 일들을 반성하고 성공이나 실패의 원인을 찾아내 어떤 점이 부족했는지 분석해보자. 그리고 어려운 일을 만났을 때 누가 도와주었으며, 일처리에 걸림돌이 된 것은 무엇이었는지도 자세하게 기록해야 한다. 이를 꾸준히 실천할 수 있다면 앞으로 주어진 시간을 효율적으로 사용하는 좋은 습관을 기를 수 있을 것이다.

● 일생을 아우르는
단계별 계획

어느 분야든 그 분야에서 성공하기 위해서는 단계별 계획이 필요하다. 자신이 무엇을 하고 싶은지도 모른 채 직장에 들어가 일하다가 한참 후에야 자신이 불행하다는 것을 깨닫는 사람들이 있다. 이는 자신의 분야에서의 성공을 위한 계획을 세우지 않았기 때문이다. 자신이 원하는 것이 무엇인지 자기 자신조차 알지 못한다면 모든 것을 다 가지려다가 결국 아무것도 얻지 못할 수 있다.

내가 처음 코칭 프로그램을 개설했을 때 온라인 취업 사이트에 직원 채용공고를 내자마자 날마다 수많은 이력서가 도착했다. 그런데 컨설턴트 채용공고에 지원한 사람들 중에 용접기술자, 회계사, 일반 사무원 등 다양한 분야의 사람들이 섞여 있었다. 이런 의문이 들었다. 자신이 하고 싶은 일을 제대로 모르는 사람이 과연 어떤 일을 할 수 있을까?

현명한 구직자들은 어떤 분야에 지원할 때 분명한 지원 동기를 가지고 있다. 그저 부딪쳐보자는 생각으로 직장을 찾는다면, 그 직업은 결코 오래갈 수 없다. 지금까지 내가 만난 대기업 인사 담당자들 대부분은 직원 채용 면접에서 지원자의 지원 동기를 가장 중요하게 생각한다고 말했다.

그러므로 성공 목표를 세우는 데 있어서 가장 중요한 것은 바로 내가 하고 싶은 일이 무엇인지 정확히 판단하는 것이다.

자신이 진정으로 하고 싶은 일이 무엇인지 분명하게 알아야만 급한 대로 아무 직장에나 들어갔다가 몇 년이 지난 뒤 자신이 불행하다는 것을 깨닫는 어리석은 일을 피할 수 있다.

그러므로 직업을 선택하기 전에 자신이 진정으로 하고 싶은 일이 무엇이고, 어떤 분야에서 성공하고 싶은지 곰곰이 생각해야 한다.

목표를 확실히 정한 후에는 목표를 이루기 위해 무엇을 해야 하는지 분석한 후 행동 방향을 잡은 다음 상세한 계획을 세우고 계획을 실행해야 한다.

직업을 선택하고 그 분야에서 성공하기 위한 계획은 일생을 아우를 수 있어야 한다. 전체 계획과 최종 목표, 각 단계별 계획을 각각 상세하게 정해야 하는데 단계별 계획이란 10년 계획, 5년 계획, 3년 계획, 1년 계획 같은 것들이다. 더 세밀하게 나누면 한 달, 한 주, 하루 계획을 세울 수도 있다.

직업 계획에서 가장 중요한 다섯 가지 요소가 있다.

자아에 대한 정확한 평가

자아에 대한 평가는 자기 자신을 알아가는 과정이다. 원하는 직업, 전문적인 기술과 능력, 취미, 성격 등을 객관적이고 상세하게 분석해야만 자신에게 적합한 직업이 무엇인지 알 수 있다.

조직과 사회 환경에 대한 분석

단기 계획이라면 조직의 환경을 중점적으로 분석하고, 장기 계획이라면 자신이 속한 사회 환경을 중점적으로 분석해야 한다.

직업에서의 목표 수립

이 목표에는 최종적인 인생 목표, 직업에서의 단기 · 중기 · 장기 계획이 모두 포함되어야 한다.

목표에 따른 구체적인 행동 계획

자신이 원하는 직업으로 성공하기 위해 무엇을 공부하고, 어떤 능력을 길러야 하는지 계획을 세운다.

평가 및 피드백

평가 및 피드백의 과정은 반복해서 자아를 확인하고 변화시키는 과정이다. 이 과정을 통해 직업 계획과 인생 계획이 더욱 완전해진다.

성공에는 정해진 기준이 없고 세상에 똑같은 사람은 없다. 그러므로 자신의 성격과 장점에 따라 자신에게 적합한 길을 찾아야 한다. 전략적인 안목과 원대한 계획을 가져야만 순조롭게 발전할 수 있다.

● 목표를 수시로
점검하라

조직 관리란 끊임없이 잘못을 발견하고 고쳐나가는 과정이다. 직원들이 업무를 처리하는 데 있어 문제가 발생하면, 관리자는 여러 가지 방법을 통해 신속하게 문제를 해결해 전체 계획에 차질이 발생하지 않도록 해야 한다.

관리라는 전체 과정을 살펴보면 계획과 문제 수정은 동전의 양면과 같다. 당초에 계획만 세우고 돌발 상황에 대처할 수 있는 조치를 마련하지 않는다면 효과적인 관리가 이루어질 수 없으며 오히려 위기를 발생시킨다. 마찬가지로 관리자가 사전에 실행 가능한 계획을 세워놓지 않는다면 관리하는 과정에서 조직 내부에 갈등이 일어날 수 있다.

만약 어떤 일을 할 때 성공을 확신할 수 없고 일을 진행하면서 어떤 상황이 나타날지 예측할 수 없다면 그 일은 결국 실패하고 말 것이다.

관리란 잘못된 것을 계속해서 고쳐나가는 과정이다. 잘못된 점을 발견했다면 주저하지 말고 즉시 수정해야 한다. 대부분의 사람들이 목표 실현이 어렵다고 느끼는 것은 작은 잘못을 그때그때 고치지 않아서 잠재적인 문제가 점점 확대되고 결국에는 계획 전체가 무산되기 때문이다.

프로젝트마다 최종적인 목표는 하나지만 목표에 도달하기까지 수많은 선택을 해야 한다. 가지가 수없이 뻗어나간 커다란 나무처럼 말이다. 어떤 쪽으로 가야 최종 목표에 도달할 수 있는지 수시로 확인해야 한다. 성공을 거두기는 했지만 그 성공이 자신이 진정으로 원했던 것과는 다른 경우를 흔히 볼 수 있다.

노벨이 다이너마이트를 발명했을 때 그는 그것이 산업 생산에 사용되어 산업 발전에 기여하기를 바랐다. 그런데 그의 의도와는 다르게 다이너마이트가 전쟁에 사용되면서 그의 연구 성과가 인류를 파괴하는 수단으로 전락하고 말았다. 노벨은 이 사실에 몹시 좌절했다.

그러던 어느 날 신문을 읽던 노벨은 부고란에서 자신의 이름을 발견하고 깜짝 놀랐다. 부고에는 "죽음의 장사꾼, 숨지다"라고 쓰여 있었다. 노벨의 형이 사망한 것을 신문사에서 착각하고 실수로 이런 부고를 내보낸 것이었다. 노벨은 '죽음의 장사꾼'이라는 표현에 큰 충격을 받았다. 훗날 사람들이 자신을 그렇게 평가할 것이라는 생각에 견딜 수가 없었다. 그 일을 계기로 노벨은 인생의 목표를 바꾸어 인류 평화를 위해 헌신하기로 결심했다.

1895년 노벨은 물리학, 화학, 문학, 생리학, 평화 등 5개 부문에 걸쳐 매년 상을 수여하라는 유언과 함께 자신의 재산 대부분을 남겼다. 유언에 따라 그의 재산으로 노벨재단이 설립되었고 그 이자로 매년 5개 부문에서 가장 크게 기여한 노벨상 수상자에게 상금을 수여하고 있다. 지금 노벨은 '죽음의 장사꾼'이 아니라 세계 평화와 과학의 발전에 이바지한 위인으로 기억되고 있다.

노벨은 왜 인생의 목표를 바꾸었을까? 다이너마이트로 인류의 발전에 기여하겠다는 목표가 빗나가 자신이 기대하지 않았던 일이 일어나자 그는 망설이지 않고 목표를 수정해 잘못된 길에서 떠나기로 한 것이다.

많은 사람들이 성공에만 눈이 멀어 눈앞에 펼쳐진 매력적인 길이 자신이 목표로 했던 길이 아님을 알지 못한다. 자신이 목표를 향해 가고 있는지 수시로 확인하지 않으면 이익에 휩쓸려 목표에서 멀어져 돌아올 수 없는 길을 가게 된다.

끊임없이 목표를 확인하는 과정은 미래에 대한 계획을 조정하는 과정이기도 하다. 목표를 향해 나아갈 때 가장 중요한 것은 자신이 무엇을 하고 있고, 앞으로 무엇을 할 것이며, 어떤 결과를 얻게 되고, 최종적으로 어떤 사람이 될 것인지 분명하게 아는 것이다. 이것은 끊임없이 자신을 인정하고, 변화시키고, 또 인정하는 과정이다. 성공한 사람들은 모두 이런 과정을 거쳐 자신의 이상을 실현했다.

예를 들어 사회 초년생이 처음 직장에 입사했을 때는 자신이 최종적으로 어떤 직업을 가지고 어떤 일을 하게 될지 정확하게 알지 못할 수도 있다. 하지만 회사에서 일하면서 꾸준한 탐색과 분석을 통해 자신에게 부족한 점이 무엇이고 어떤 능력을 길러야 하는지 알게 된다. 그런 탐색과 자기계발을 통해 평범했던 사무직원이 훌륭한 세일즈맨으로 성장할 수도 있다. 그러므로 자기 자신을 진지하게 분석하는 것은 매우 중요하다.

처음에 세운 목표가 정확했는가? 나의 행동이 목표에 부합하는가? 앞으로 어떻게 해야 하는가? 이 세 가지 질문에 대한 확실한 대답을 얻었다면 즉시 자신의 행동을 수정하고 새로운 목표를 세워 목표에서 가장 가까운 길을 찾아야 한다.

전 구글 차이나 사장이자 현재 벤처캐피털 업체 이노베이션웍스를 이끌고 있는 리카이푸(李開復)는 중국 IT 분야의 전설적인 인물이다. 하지만 그의 첫 번째 전공은 IT와 무관한 법학이었다. 그의 꿈은 법조계나 정치계에서 일하는 것이었다. 그는 목표를 위해 미국 컬럼비아대학 법학과로 유학을 떠났지만 1년 후 법학이라는 분야가 생각했던 것만큼 흥미롭지 않음을 깨달았다. 오히려 그는 컴퓨터에 깊은 관심이 생겼다. 그 후 리카이푸는 컴퓨터에 푹 빠져 모든 시간과 정력을 컴퓨터에만 쏟았고, 날마다 미친 듯이 프로그램을 만들었다. 그의 이런 끈기와 재능 덕분에 그는 교수와 학생들로부터 점점 주목받기 시작했다.

대학교 2학년 때 리카이푸는 법학과에서 이수한 학점을 과감하게 포기하고 컴퓨터공학으로 전공을 바꾸어 기초부터 배우기 시작했다. 주위에서는 이런 그를 이해하지 못했다. 전공을 바꾸는 것은 엄청난 시간과 노력이 필요한 일이었다. 하지만 리카이푸의 생각은 달랐다. 그는 인생에서 열정과 관심을 쏟을 수 있는 일을 하는 것보다 더 중요한 것은 없다고 생각했다. 자신의 목표를 발견했다면 그 목표를 향해 과감하게 나아가야 한다고 여겼다.

나중에 리카이푸는 한 강연회에서 자신이 대학교 2학년 때 전공을 바꾼 것을 다행스럽게 여긴다고 말했다. 만약 그때 결정을 내리지 않았다면 지금쯤 미국의 어느 작은 도시에서 이름도 없고 행복하지도 않은 변호사로 살고 있을 것이라고 했다. 그의 성공 비결은 과감한 결단력과 자기 자신에 대한 정확한 판단이었다.

정확한 목표를 설정해야 더 적극적이고 흔들림 없이 인생을 살아갈 수 있다. 굳은 목표는 일과 생활에 활기를 주는 원동력이다. 목표가 확고하다면 어떤 어려움이 닥쳐도 궤도를 벗어나지 않고 자신을 지킬 수 있다.

P a r t 7

● 계획대로
사는 것이 싫다면?

　성실함과 꾸준함보다 더 훌륭한 성공 비결은 없다. 나폴레온 힐은 "차근차근 한 걸음씩 나아가는 것이 목표를 실현할 수 있는 유일한 방법이다"라고 말했다. 가끔 하루아침에 성공한 것처럼 보이는 사람들도 있지만 화려해 보이는 모습의 이면에 남들이 알지 못하는 부분이 더 많다는 것을 알아야 한다. 우연한 성공은 없다.

　내 친구 톰이 24시간 동안 새로운 광고 마케팅 기획안을 작성하는 것을 본 적이 있다. 그 기획안은 내가 1주일이 꼬박 걸려 만들어낸 기획안만큼이나 상세하고 치밀했다. 나는 놀라움을 금할 수 없었고 어떻게 그렇게 짧은 시간 동안 완벽한 기획안을 작성할 수 있었는지 물었다. 그러자 톰은 겸연쩍게 웃으며 내게 시간 계획표를 내밀었다.

　1시 : 현재 상황 평가

2시 : 마케팅 목표 수립

3시 : 타깃층 결정

4~10시 : 마케팅 방안 연구

10~18시 : 마케팅 이벤트안 수립

18~21시 : 예산 배정

21~23시 : 마케팅 일정표 작성

23~24시 : 검토

톰은 내게 말했다.

"이 순서대로 한다면 자네도 훌륭한 기획안을 쓸 수 있을 거야. 시간이 아무리 촉박해도 순서대로 차근차근 풀어나가야 한다네."

'계획'대로 사는 것을 싫어하고 그때그때 즉흥적으로 하고 싶은 일을 하는 사람들도 있다. 물론 그런 사람들이 성공할 수 없다는 뜻은 아니다. 그러나 아무런 자기 구속도, 계획성도 없는 사람은 돌발적인 상황과 맞닥뜨렸을 때 쉽게 뒤로 물러서거나 포기한다. 돌발 상황에 대처할 줄 모르고 나아갈 바를 제시해주는 계획이 없기 때문이다.

앞으로 어떤 일이 닥칠지는 아무도 모른다. 바다를 항해하는 것처럼 어떤 폭풍우를 만나게 될지 아무도 알 수 없다. 계획이 중요한 이유가 바로 여기에 있다. 앞날을 예상할 수 없다면 계획을 세우는 것이 무슨 의미가 있느냐고 묻는 사람들도 있을 것이다. 계획이 없으면 앞으로 발생하는 모든 일이 예기치 못한 돌발 상황이겠지만, 사전에 계획을 세워놓았다면 계획을 차근차근 실행하면서 뜻밖의 상황에 적극적으로 대처하기만 하면 된다.

단숨에 목표에 도달할 수 있는 지름길을 찾는 사람이 많다. 그들은 차근차근 한 걸음씩 나아가야만 성공할 수 있다는 사실을 잊고 있다. 하루아침에 성공하려는 조급함과 경솔함은 오히려 성공의 걸림돌일 뿐이다.

완벽하기 위해
노력하지 마라

　많은 사람들이 자신의 일에 완벽함을 추구하다 쉽게 좌절하곤
한다. 하지만 세상에 완벽한 것은 존재하지 않는다. 불가능한 일을
완성하겠다고 정력을 쏟는 것은 바보 같은 일이다.

　기업이든 개인이든 과도하게 완벽함을 추구하다가 실패한 경우
가 적지 않다.

　마이크로소프트가 IBM의 운영체제인 OS2와 경쟁하던 당시 단
점이 완벽하게 수정되지 않은 Windows 95를 재빨리 출시했다.
얼마 가지 않아서 Windows 95는 Windows 97로 업그레이드되
었고 또 얼마 후에는 Windows 98, Windows Me, Windows XP
가 차례로 출시되었다. 단점이 있는 제품을 내놓고 계속해서 보완
해가는 마이크로소프트의 이런 방식에 고객들의 조롱이 이어졌지
만, 마이크로소프트는 IBM보다 제품을 먼저 출시함으로써 시장을
선점하는 효과를 얻었고, 뒤늦게 출시된 OS2는 완벽한 기능에도

불구하고 시장에서 인기를 얻지 못하고 묻혀버렸다.

경쟁에서 이기려면 제품의 품질도 중요하지만 출시 속도도 매우 중요하다. 특히 창업 초기라면 반드시 지켜야 하는 원칙이다. 제품을 개발할 때 완벽함에 너무 집착하지 말고 고객들의 수요를 어느 정도 충족시킬 수 있는 수준이라면 남보다 빨리 출시해야 한다.

사실 제품을 평가하는 주체는 고객들이다. 아무리 훌륭한 기능도 고객들이 사용하지 않는다면 아무런 의미도 없다. 일단 제품을 출시해서 고객의 수요를 어느 정도 만족시킨 후에 고객들의 반응과 평가에 따라 제품을 수정하고 보완하는 것이 더 현명한 방법이다.

기업 경영에 있어서 무결점을 추구하는 기업들도 있지만 이 역시 좋은 방법이 아니다. 작은 회사의 장점은 유연함에 있다. 잡다한 격식과 제도에 얽매이면 유연함이라는 장점이 사라져버리고 시장의 속도 경쟁에서도 뒤지게 된다.

안정적인 궤도로 들어서기도 전에 완벽한 경영을 과도하게 추구하면 기업의 의사결정이 유연함을 잃어 경쟁에서 도태될 수 있다.

경영자가 아닌 일반 직장인들에게도 과도한 완벽주의는 보이지 않는 부담이 된다. 완벽주의자들은 오히려 성공하기가 어렵다. 모든 일에서 완벽을 추구하는 사람들은 직장을 구할 때도 대기업이 아니면 거들떠보지 않는다. 그들은 대기업이 가장 완벽한 직장이라고 생각한다. 합리적인 고용계약을 통해 입사하고 복지제도와 공정한 승진제도가 갖추어져 있으며 회사 분위기가 화기애애할 것이라고 생각하기 때문이다. 그들은 꿈에 그리는 이상적인 직장을 찾기 위해 빈번하게 이직을 한다. 그러나 이 세상에는 완벽한 일도 없고 완벽한 직장도 없다. 어느 회사든 장단점을 다 가지고 있는 법이다.

완벽주의자들은 작은 일까지도 완벽하게 처리하려고 하기 때문에 일의 효율이 낮을 수밖에 없다. 모든 일은 상대적으로 완벽할 수는 있지만 절대적으로 완벽할 수는 없다. 일을 할 때 최대한 완벽함을 추구해야 하는 일도 있지만 어느 정도 수준에 다다르기만 하면 그만인 일도 있다. 성숙한 사람은 모든 일에서 완전무결함을 추구하지 않는다. 무슨 일이든 완벽함을 추구하는 것은 실현 불가능한 유치한 생각이다.

완벽주의자들은 완벽에 도달하기 위해서라면 시간이나 효율 따위는 고려하지 않는다. 그러나 기업에 가장 중요한 것은 효율이다. 90퍼센트의 노력으로 10퍼센트의 품질 향상밖에 이루지 못했다면 기업에는 무의미한 일이다. 직원들이 완벽을 추구하며 최선을 다해 일하는 것을 싫어하는 기업은 없지만 만약 그런 행동이 회사의 효율에 손실을 미친다면 달가워하지 않을 것이다.

한마디로 완벽주의는 양날의 검이다. 과도하게 완벽을 추구하면 효율이 떨어지고 너무 무관심해도 일을 제대로 완수할 수 없다. 기업이든 개인이든 이 둘 사이에서 균형을 잘 지키는 것이 성공의 키워드다.

기획력을 높이는
습관 만들기

성공한 사람들은 대부분 기획의 고수다. 무슨 일을 하든 사전에
생각하고 준비하는 과정이 필요하다. 기획력을 기르고 활용하는
것은 직장에서든 일상생활에서든 매우 중요하다. 그래야만 예기치
않은 상황이 발생했을 때 냉정하게 대처할 수 있다. 아래에 기획력
을 키우는 일상의 습관을 소개한다.

작은 일부터 시작한다

크고 거창한 일이 아니라 집안일부터 시작한다. 가령 요리, 빨래,
화장, 손님맞이, 학교에서 아이 데려오기 등 산더미처럼 밀린 일을
두 시간 내에 끝마쳐야 한다고 치자. 이렇게 많은 일을 어떻게 두
시간 만에 해치울 수 있을까? 시간을 가장 절약할 수 있는 방법은
한 가지씩 차례로 하는 것이 아니라 시간을 적절히 배치해 동시에
진행하는 것이다.

일의 경중과 완급에 따라 우선순위를 정한다

모든 일을 엄격한 시간 순서에 따라 처리하는 것이 최고라고 생각하는 사람들이 많다. 하지만 그것은 맡은 일을 기계적으로 하는 것에 불과하다. 예를 들어 대부분 신문을 볼 때 습관적으로 1면부터 차례로 넘기며 읽는다. 하지만 이런 방식은 시간이 오래 걸릴 뿐 아니라 무엇을 읽었는지 기억에 남지도 않는다. 시간을 활용하며 자신의 일을 기획할 줄 아는 사람들은 먼저 주요 기사들을 대강 훑어 본 후에 관심 있는 기사부터 먼저 읽고 다른 기사들은 내버려두었다가 나중에 한가한 시간에 읽는다. 이렇게 하면 똑같은 시간을 들이더라도 더 많은 정보를 얻을 수 있다.

자신이 감당할 수 있는 상황을 설정한다

일을 처리하면서 발생할 수 있는 모든 상황들을 예상하고 그런 상황이 발생했을 때 어떻게 대응할 것이며 원만히 해결할 수 있을지 생각해본다. 이렇게 예상하고 생각해보는 것만으로도 기획력을 기를 수 있다.

자신의 역할을 분명하게 정한다

역할 분석은 기획력을 기르는 네 번째 단계다. 누구나 여러 가지 역할을 동시에 하면서 살고 있다. 특정 환경에서 자신의 역할을 정확하게 파악하고 그 역할에 최대한 충실하기 위해 노력해야 한다.

환경을 전반적으로 분석한다

자신이 처해 있는 상황, 현재 직면한 문제, 앞으로의 발전 가능성, 외부 환경, 경쟁 상대, 잠재고객 등 자신의 환경과 조건을 자세하게 분석하고 객관적으로 평가한다.

목표 수립에도 원칙이 있다

객관적이면서도 자신에게 맞고, 실행 가능하며, 구체적이고 평가할 수 있는 것이어야 한다. 또한 반드시 정해진 기한이 있어야 하며, 계획 실행 순서도 상세하게 기록한다.

실행 가능한 전략을 수립한다

중요하고 급한 일은 가급적 중요하지만 급하지 않은 일로 만들고, 중요하지 않지만 급한 일은 최대한 줄여야 하며, 중요하지도 급하지도 않은 일은 무시할 줄 알아야 한다.

지출을 통제한다

이것은 매우 중요한 일이다. 시간, 정력, 자원을 한없이 소모하는 계획은 사람을 지치게 만들고 결국에는 모든 자원을 다 소진시킨다. 대부분 과정이 잘못되었거나 과도하게 완벽을 추구하기 때문이다. 아무리 계획을 완벽하게 실행하고 싶다고 해도 지출을 통제하지 않으면 그 계획은 최종적으로 성공할 수 없다.

실행과 관리

가장 중요한 단계다. 계획대로 온전히 실행하지 않으면 아무리 완벽한 계획도 탁상공론일 뿐이고, 엄격하게 관리하지 않으면 실행 과정에서 오류와 허점이 속출할 수 있다.

시간 관리 원칙

매일 처리해야 하는 중요한 일들을 메모해놓고 순서를 정한 후 계획대로 실행한다. 날마다 꾸준히 실천한다면 남들보다 훨씬 효율적으로 일을 처리할 수 있을 것이다.

미루지 않고 계획대로 일한다

캐나다 캘거리대학 심리학과의 피어스 스틸(Piers Steel)은 습관적으로 일을 미루는 사람들의 심리를 네 가지로 분류했다.

첫째, 과도한 자신감. 이런 사람들은 "급할 게 뭐 있어? 시간은 충분해! 나는 해낼 수 있어"라고 큰소리를 친다. 그들은 그 일을 처리하는 동안 일어날 수 있는 돌발적인 상황들을 고려하지 않는다. 그래서 그들은 한 시간이면 끝낼 수 있는 일을 하루 종일 걸려서 하기도 한다.

둘째, 일에 대한 열정 부족. 이런 사람들은 일을 끝낸 후에도 희열을 느끼지 못한다. 이런 심리를 가지고 있는 사람들은 대부분 일에 열정이 없고 권태를 느끼며 어려운 일을 싫어하고 인간관계가 원만하지 않다. 그들은 업무가 주어지면 짜증을 내고 일을 계속 미룬다.

셋째, 얻을 수 있는 대가에 대한 낮은 기대치. 일반적으로 어떤 일을 완수함으로써 얻을 수 있는 대가는 정해져 있으므로 대부분 예상할 수 있다. 예상을 뛰어넘는 높은 대가를 얻는 경우는 극소수에 불과하다. 그러므로 사람들은 "빨리 끝내든 늦게 끝내든 어차피 받는 월급은 똑같다"라는 생각을 하게 되고 이런 생각을 하면 저절로 일은 미루어질 수밖에 없다.

넷째, 집중력 부족. 산만하고 무슨 일에든 집중하지 못하는 사람들은 한 가지 일을 하면서 다른 일을 생각하기 때문에 대부분 업무 효율이 낮다.

일을 미루지 않는 가장 효과적인 방법은 단기 계획을 세워서 일하는 것이다. 일을 자꾸 미루는 습관이 있다면 일을 몇 단계로 나누어 각 단계마다 반드시 끝내야 하는 기한을 설정하고 그 기한 내에 끝마치도록 한다. 이렇게 하면 일에 대한 집중력을 높일 수 있다.

"인내력은 단순한 마음가짐이 아닌, 성공을 위한 필수적인 능력이다."

'메기 효과'라는 것이 있다. 장어를 잡아 배에 실으면 항구에 도착하기도 전에 다 죽어버리지만 장어들 사이에 메기 한 마리를 넣으면 장어가 대부분 살아 있다. 장어와 메기가 모두 사나운 성격이기 때문에 장어들이 메기의 공격에 반격하느라 생존 본능이 발휘되어 죽지 않고 살아 있는 것이다.

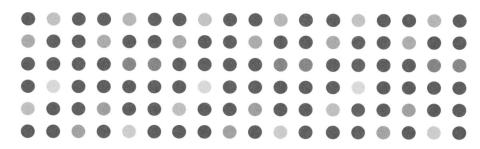

Part 8
인내와 나약함을 구분하라
겸손

약자는 그저 기회가 오기만을
기다리지만 강자는 스스로
기회를 만들고 판단한다.

인내와 나약함의 차이

유약함과 인내는 백지장 차이지만 또한 분명히 다르다. 인내를 다루는 중국 속담에 "한 걸음 물러서면 광활한 하늘이 펼쳐진다"는 말이 있다. 반면 유약함은 자신의 원칙을 포기하고 줏대도 없이 남이 강요하는 대로 받아들이는 것이다. 사회에서 발붙일 곳을 찾기 위해서는 유약함이 아니라 인내를 배워야 한다.

누구나 용감한 사람이 되고 싶어 한다. 남에게 무시당하는 나약한 '필부'가 되는 것을 원하는 사람은 없다. 나약함과 인내심은 분명히 다르다. 겁이 나서 말 한마디 못하고 참고 뒤로 물러서는 것은 인내심이 아니다.

자기 운명을 알고 싶어 하는 세 형제가 고승을 찾아갔다.

고승이 그들에게 물었다.

"머나먼 천축국에 대국사라는 절이 있는데 그 절에 야명주라는 보물이 있다. 밤에도 빛이 난다고 해서 야명주라고 하지. 그걸 가지러 가겠느냐?"

첫째가 시큰둥하게 말했다.

"저는 원래 욕심이 없습니다. 제게 야명주는 한낱 구슬일 뿐이지요. 저는 가지 않겠습니다."

둘째는 자신만만하게 가슴을 탁 치며 말했다.

"아무리 험한 길이라도 두려워하지 않고 야명주를 꼭 가지고 오겠습니다."

그때 막내가 미간을 잔뜩 찌푸리며 근심 가득한 표정으로 말했다.

"천축국은 너무 멀고 가는 길도 위험해요. 아마 천축국에 도착하기도 전에 죽을 거예요."

그들의 대답을 들은 고승이 빙그레 웃으며 말했다.

"너희들의 운명은 이미 정해졌다. 첫째는 부귀를 탐하지 않고 명리를 좇지 않으니 부자가 되기 힘들겠지만 욕심이 없으니 친구를 많이 사귈 것이다. 둘째는 과감하고 강인하며 어려움을 두려워하지 않으니 앞으로 크게 성공할 것이다. 마지막으로 셋째는 나약하여 큰일을 이루지 못하고 그저 평범하게 살 것이다."

나약함이란 겁이 많고 소심한 것을 의미하는 심리적 차원의 문제지만, 인내심은 심리가 아니라 일종의 처세술이다. 복잡한 상황에서 분노, 초조, 긴장 등을 억누르고 긍정적이고 적극적으로 현실에 대응하는 것이 바로 인내다. 인내는 전체의 이익을 생각해 개인적인 득실과 영욕은 잠시 잊는 것을 의미하기도 한다.

케이트는 나의 수강생이었다. 그런데 수업 첫날부터 그녀에게서 이상한 점을 발견했다. 서른도 되지 않은 젊은 나이인데 눈빛은 예순이 넘은 노인처럼 흐릿해 심각한 고민이 있거나 슬럼프에 빠져 있는 것 같았다. 수업이 끝난 후 코칭 프로그램에 참여한 이유를 물었지만 그녀는 책상 모서리에 시선을 고정시킨 채 아무 말도 하지 않았다. 참여 동기를 알지 못하면 도움을 줄 수 없다고 설득하자 케이트는 한참 동안 말없이 있다가 앞머리를 들추었다. 그녀의 눈가에 시퍼런 멍 자국이 선명했다.

케이트는 원래 모델이었다. 출중한 외모와 몸매로 그녀를 따라다니는 남자들이 많았다. 지금 그녀의 남편도 그런 남자 중 하나였다. 케이트는 그의 열렬한 구애에 감동받아 결혼을 결심했다. 그런데 결혼 후 얼마 되지 않아 남편이 완전히 다른 사람처럼 변해버렸다. 툭하면 그녀를 의심하고 몰래 다른 남자를 만나고 있는 게 아니냐며 다그쳤다. 케이트는 남편의 마음을 이해하며 묵묵히 참았지만 남편의 의심은 점점 심해지기만 했다. 급기야 남편은 툭하면 술에 취해 들어와 손찌검을 하기 시작했다. 남편의 폭력은 케이트의 몸과 마음에 모두 큰 상처를 입혔다.

자신의 불행을 털어놓은 후 케이트의 얼굴이 한결 홀가분해 보였다. 그녀는 간절한 눈빛으로 나를 쳐다보며 말했다.

"이 끔찍한 결혼을 끝내고 싶다는 생각을 수없이 했어요. 친구들도 하루빨리 이혼하라고 권했죠. 그런데 결혼하면서 모델 일을 그만둔 데다가 이제는 나이가 들어 다시 모델 일을 할 수도 없어요.

이혼하면 생계를 해결할 방법이 없으니 계속 참고 살아야겠죠?"

나는 케이트의 질문에 대답하는 대신 한 가지 이야기를 들려주었다.

아주 오랜 옛날 사람을 해치는 거대한 뱀이 있었다. 그 뱀에게 물려죽은 사람과 가축들이 수없이 많았다. 농부들은 뱀이 무서워 농사를 짓지 못하고 상인들도 장사를 할 수 없었으며 아이들도 뱀이 무서워 학교에 가지 못했다.

마을 사람들이 한 고승을 찾아갔다.

그 고승은 오랫동안 도를 닦고 수행을 했기 때문에 사나운 야수도 그의 앞에서는 고분고분해졌다. 얼마 후 뱀도 고승의 가르침을 받아 순해졌다. 뱀은 더 이상 사람을 해치지 않았다. 그런데 이번에는 사람들이 뱀을 괴롭히기 시작했다. 뱀이 약해졌다고 생각한 사람들은 뱀을 무시하고 뱀에게 돌을 던졌다.

어느 날 뱀이 사람들이 던진 돌에 맞아 피를 흘리며 고승을 찾아갔다.

고승이 깜짝 놀라 물었다.

"어쩌다 이렇게 되었느냐?"

뱀이 흐느껴 울었다.

"제게 다시는 사람들을 해치지 말라고 하셨잖습니까? 저는 사람들과 사이좋게 지내려고 했지만 사람들이 저를 괴롭혔습니다. 어린아이들까지도 제게 돌을 던졌습니다. 스님의 말씀이 정말로 옳은 것입니까?"

고승이 길게 탄식했다.

"나는 사람과 가축을 해치지 말라고 했지 그들을 놀라게 하지도 말라고 말한 적은 없다!"

케이트는 이야기를 듣고 대번에 내 말뜻을 이해했다. 그녀의 인내심은 이미 한계에 다다른 지 오래였다. 이야기 속 뱀처럼 더 이상의 인내는 무의미했다. 그녀의 인내는 남편의 눈에 나약함으로밖에 보이지 않았다. 그러므로 그녀에게 진정으로 필요한 것은 인내가 아니라 자신의 입장을 분명하게 밝히는 것이었다.

보름 후 케이트는 남편을 도저히 변화시킬 수 없어 이혼을 결심했다고 말했다. 더 이상은 참지 않을 것이라고 했다. 그녀는 또 직장을 구하기 위해 여기저기 이력서를 냈고 한 연예인 매니지먼트 회사에서 연락이 와서 면접을 보고 왔다며 행복한 미소를 지었다.

살아가는 동안 참고 인내하는 것도 중요하지만 인내와 나약함은 다르다. 인내심은 가져야 하지만 나약해서는 안 된다. 어떤 상황에서든 자신의 원칙과 기준은 반드시 지켜야 한다.

● 과도한 겸손은
비극을 부른다

과도한 겸손은 능력 발휘를 가로막는 장애물이다. 뛰어난 능력을 가지고도 평생 아무것도 이루지 못했다면 너무 겸손하지 않았는지 반성해보아야 한다. 때로는 겸손함이라는 '미덕'이 성공하지 못하는 원인이 된다.

늑대가 먹잇감을 사냥할 때 수풀 속에 숨어 끈기 있게 기다리는 것만으로는 부족하다. 적당한 기회에 빠르게 뛰쳐나가 '날카로운 이빨'을 드러내야만 사냥에 성공할 수 있다.

직장에서도 능력을 발휘하고 싶다면 적당한 기회에 자발적으로 나서서 "이 일은 제게 맡겨주십시오!"라고 상사에게 자신 있게 말해야 한다.

코칭 프로그램에 성공한 여성을 초빙해 강연을 한 적이 있다. 겨우 서른 살의 나이에 외국계 기업 부사장으로 발탁되어 업계를 놀라게 한 여성이었다. 더욱 놀라운 것은 그녀의 부사장 승진이 입사

4년 만이었다는 사실이다. 한 수강생이 그녀에게 어떻게 그렇게 빨리 승진할 수 있었는지 묻자 그녀는 자신 있는 미소를 지으며 이렇게 대답했다.

"제 능력으로 해낸 거예요. 다른 비결은 없어요."

수강생이 다시 물었다.

"저도 능력은 남들에게 뒤지지 않는데 왜 고속 승진을 하지 못하는 걸까요?"

그녀가 목소리를 가다듬으며 말했다.

"아주 좋은 질문이에요. 제가 말한 능력이란 일반적으로 말하는 재능이나 지식만을 의미하는 게 아니에요. 자기 능력을 보여주는 것도 무시할 수 없는 중요한 능력이랍니다. 직장이라는 무대에서는 날마다 수많은 쇼가 펼쳐지죠. 자기 능력을 어떻게 보여주느냐에 따라 티켓 판매량이 달라지는 건 당연한 이치예요. 아무리 훌륭한 배우도 남들에게 연기를 보여주지 않으면 갈채를 받을 수 없어요."

그녀의 말이 끝나자마자 우렁찬 박수소리가 강의실을 가득 메웠다. 그녀는 강연을 끝내면서 마지막으로 이렇게 말했다.

"자신을 표현하는 능력이 직장에서 자신의 영향력을 결정하고 자신의 역할과 위치까지 결정하게 됩니다. 여러분이 황금이라면 그 빛을 감추지 말고 아낌없이 드러내세요. 그러면 남들보다 빨리 성공할 수 있을 겁니다."

많은 사람들이 성공하지 못하는 것은 능력이 부족해서가 아니라 자신을 표현할 줄 모르기 때문이다. 자신을 표현할 줄 모르는 사람들은 남들에게 능력을 존중받지 못하면 자신의 진가를 알아보는 백락(伯樂)이 없음을 한탄한다. 그런데 백락도 천리마가 자신의 능력을 보여주었기 때문에 천리마를 선택할 수 있었다. 특히 직장인들의 경우엔 자신을 표현하는 능력이 직장에서의 생존에 결정적인 영향을 미친다. 상사가 투시안을 가졌기를 기대하지 말라. 설령 투시안을 가졌다고 해도 직원들을 일일이 투시해볼 만큼 한가하지 않다.

자신을 사회에 드러내서 기회를 잡고 싶지만 기회가 찾아오지 않는다고 원망하는 사람들이 많다. 그런데 그들이 기회를 잡지 못하는 것은 자기 능력이 닿을 수 없는 먼 곳까지 바라보기 때문이다. 능력 밖의 먼 곳을 쳐다보지 말고 가까운 주위를 둘러본다면 틀림없이 자기 능력에 맞는 기회를 찾을 수 있다.

성공한 사람들 중에 인생 역전의 기회가 찾아와 하루아침에 성공한 사람들은 거의 없다. 그들에게는 자신의 일 자체가 기회이고 자신에게 주어진 모든 일들이 기회다. 자신에게 주어진 일들을 훌륭하게 해내면 그것들이 모여 성공의 밑거름이 된다. 그러므로 천재일우의 기회를 찾아 헤맬 필요도 없고 그런 기회를 얻지 못했다고 낙심할 필요도 없다. 자신에게 주어진 일을 성실하게 해내면 기회는 언제든 찾아온다.

기회는 "안녕, 나 왔어!"라고 알려주지도 않고 소리 없이 왔다가 슬며시 사라져버린다. 그러므로 기회가 오기만 기다리는 것은 어리석은 일이다. 기회는 준비된 사람에게만 '기회'라고 불릴 수 있다.

'메기 효과'라는 것이 있다. 장어를 잡아 배에 실으면 항구에 도착하기도 전에 다 죽어버리지만 장어들 사이에 메기 한 마리를 넣으면 장어가 대부분 살아 있다. 장어와 메기가 모두 사나운 성격이기 때문에 장어들이 메기의 공격에 반격하느라 생존본능이 발휘되어 죽지 않고 살아 있는 것이다.

개구리를 물에 넣고 삶을 때도 마찬가지다. 개구리를 펄펄 끓는 물에 집어넣으면 넣자마자 튀어나오지만 물이 끓기 전 찬물일 때 개구리를 넣고 천천히 가열하면 개구리가 위험한 줄도 모르고 유유히 물속을 헤엄쳐 다니다가 결국 천천히 익어버린다.

메기가 없는 선창 속의 장어와 따뜻한 물속의 개구리는 주어진 환경에 저항할 필요가 없어 편안하게 적응했고, 결국에는 죽고 말았다.

아무것도 하지 않는 사람은 절대로 실수를 저지르지 않는다. 그러나 행동하는 사람만이 기회를 잡을 수 있다. 도전을 받아들이고 독특한 사고로 문제를 받아들인다면 수많은 기회를 발견하게 될 것이다.

기회는 영원히 우리 손안에 있다. 자기 자신을 정확하게 알고 자신에게 도전하며 독특한 사고를 기른다면 쉽게 기회를 잡을 수 있다. 한 번에 인생 역전의 기회를 얻지 못하더라도 작은 기회들을 잘 이용한다면 어느 순간 큰 성공을 거둘 것이다.

● 강자는 기회를 스스로 만든다

약자는 그저 기회가 오기만을 기다리지만 강자는 스스로 기회를 만들고 판단한다.

성공하기 위해서는 천부적인 재능, 성실함, 노력 등이 필요하지만 기회를 기다리지만 말고 직접 만드는 능력도 갖추어야 한다. 기존의 틀에 얽매이지 말고 쉽게 물러나 포기하지 않으며 용기를 가진 사람이 성공에 훨씬 유리하다.

링컨의 노예해방 선언은 매우 시의적절한 행동이었다. 앤티텀 전투가 막 끝나자마자 링컨은 의회에서 큰소리로 선포했다.

"노예해방을 더 이상 미룰 수 없습니다!"

그는 이 시기에 노예해방을 공포한다면 여론이 그의 결정을 적극 지지할 것이며 의회도 틀림없이 이 선언문을 채택할 것이라고 예상했다. 링컨은 어떻게 그렇게 확신했을까? 당시 북군이 전투에서 계속 패해 수세에 몰리자 링컨은 전쟁으로는 승리할 수 없다고 판단하고 전략을 수정했던 것이다. 얼마 후 그가 발표한 노예해방 선언은 바로 전쟁에서의 불리한 상황을 역전시키는 효과적인 전략이었다.

노예해방 선언으로 미국에 있는 모든 노예가 영원히 자유를 얻게 되었다. 링컨은 노예해방 선언문에 서명하면서 단호한 어조로 이렇게 말했다.

"인생에서 내 행동이 옳다고 이토록 확신한 적은 없었다."

링컨의 말처럼 이 기회를 놓쳤더라면 아마 노예해방은 수백 년이나 늦춰졌을 것이다. 미국 남북전쟁 당시 남군과 북군이 줄다리기를 벌이듯 오랫동안 대치하고 있었으므로 먼저 기회를 잡는 쪽이 우위를 점하고 승리를 거둘 수 있었다.

무슨 일을 하든 절호의 기회는 찾아오기 마련이다. 고정관념을 고수하면서 무작정 기다리기만 하면 실패할 수밖에 없다. 기회가 찾아왔을 때는 망설이고 기회를 놓치고 난 뒤에야 그것이 둘도 없는 기회였음을 깨닫고 후회한다면 성공은 머나먼 일이 된다.

지켜보며 망설이기만 하는 것은 성공을 가로막는 가장 큰 장애물이다. 눈앞에 있는 기회를 발견하지 못하거나 판단 착오로 놓쳐버린다면 성공할 수 없다.

투자를 하고 싶지만 좋은 투자처를 찾지 못해 망설이는 사람들은 항상 이렇게 묻는다.

"시장성이 있을까요? 시기가 적당할까요?"

"아무리 찾아봐도 투자할 만한 곳이 없어요."

"이 정도 돈으로 뭘 할 수 있겠어요?"

그들은 언제나 판단보다 걱정이 먼저다. 하지만 절대적으로 안전한 투자는 없으며 창업은 원래 큰 도전이라는 사실을 알아야 한다. 지혜, 능력, 결단력을 바탕으로 가능성을 발견하고 시장을 파악하는 사람만이 성공할 수 있다. 특히 기회를 발견하고, 분석하고, 최대한 이용하는 능력이 가장 중요하다.

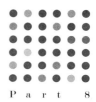

● 갑작스러운
변화에 대처하는 법

난쟁이 네 명이 미로처럼 생긴 성에서 살고 있었다. 난쟁이들은 치즈를 먹고 살았으므로 날마다 미로를 헤치며 치즈를 찾아다녔다. 어느 날 난쟁이들은 치즈가 가득 쌓여 있는 창고를 발견하고 창고 주변에 자리를 잡고 행복한 나날을 보냈다.

그런데 며칠 후 치즈가 갑자기 사라져버렸다! 갑작스럽게 닥친 불행 앞에서 난쟁이들의 대처 방법은 각기 달랐다. 난쟁이 두 명은 변화에 재빨리 적응해 새로운 치즈창고를 찾으러 떠났다. 얼마 후 그들은 처음에 찾았던 것보다 훨씬 큰 창고를 찾아냈다. 창고 안에는 신선한 치즈들이 가득 쌓여 있었다. 반면 다른 두 난쟁이는 변화를 받아들이지 못하고 주저하면서 치즈가 사라진 창고 옆에 앉아 현실을 원망했다.

얼마 후 그중 한 난쟁이가 긴 고민을 끝내고 비장한 표정으로 벌떡 일어나더니 배고픔과 희망을 안고 다시 어두운 미로 속을 헤매기 시작했다. 그도 역시 머지않아 신선한 치즈를 찾을 수 있었다. 그러나 마지막 남은 난쟁이는 치즈를 잃어버렸다는 괴로움에서 헤어나지 못해 몸부림치다가 그 자리에서 굶어죽었다. 치즈가 순식간에 사라지지 않았더라면 난쟁이들은 날마다 치즈를 마음껏 먹으면서 행복하게 살면 그만이었다. 하지만 치즈가 갑자기 사라져 계획이 틀어져버리자 그들은 과감한 선택을 해야 했다.

두 명의 난쟁이는 치즈가 사라졌다는 사실을 차분하게 받아들이고 다른 치즈를 찾으러 떠났다. 반면 다른 두 명의 난쟁이는 변화 앞에서 망설이며 현실을 받아들이지 않고 다른 치즈를 찾으려 하지도 않았다. 용기와 열정이 모두 사라질 때까지 주저앉아 아무것도 하지 않았다. 처음 세워놓은 계획에 변동이 생겼을 때 적절하게 대처하지 못하고 현실에 적응하기까지 오랜 시간이 걸렸다. 다행히 그중 한 명은 고민 끝에 현실을 인정하고 변화에 적응해 전략을 새롭게 바꾸었지만 다른 한 명은 끝내 변화를 받아들이지 못해 죽고 말았다.

이 이야기에서 '치즈'는 목표를 의미한다. 일일 수도 있고 건강이나 돈, 사랑일 수도 있다. '미로'는 목표에 도달하기 위해 필요한 시간과 정력, 좌절과 갑작스러운 변화를 의미한다.

이야기 속 난쟁이 같은 사람들을 현실에서도 찾을 수 있다. 계획에 변화가 생겼을 때 저마다 대처하는 방식이 다르다. 변화를 발견한 즉시 계획을 수정해 다른 방법을 모색하고 곧장 행동에 옮기는 사람이 있는가 하면, 변화를 두려워하고 부정해 상황을 더 어렵게 만드는 사람도 있다.

현명하고 원대한 안목을 가진 사람들은 위기가 닥쳤을 때 용감하게 계획을 변화시키고 적절한 전략 수정을 통해 과감하게 행동한다. 위기가 닥쳤다면 좌절하지 말고 현실을 인정한 다음 신속하게 변화에 부응해야 한다. 갑작스러운 변화 앞에서 당황해 속수무책으로 시간만 보낸다면 더 큰 위기가 닥칠 것이다.

그렇다면 갑작스러운 변화에 어떻게 대응해야 할까?

남의 '눈치'를 보지 마라

예민한 관찰력이 실패의 원인이 되는 경우가 종종 있다. 남들이 미간을 약간 찡그리거나 헛기침하는 것을 '반대'나 '부정'의 신호로 받아들여 위축되거나 뒤로 물러서버리는 사람들이 많다. 자신의 결정이 옳다고 판단되면 남의 눈치를 보지 말고 과감하게 행동해야 한다.

외부 요인에 휘둘리지 마라

기업 경영자나 임원들이 재정적인 부담, 거시적인 환경 등 외부 요인 때문에 결정을 바꾸는 것을 자주 보았다. 그런데 외부 요인에 과도하게 휘둘리면 계획을 실현시킬 수 없다. 특히 외부로부터 투자나 지원을 받아 프로젝트를 추진할 경우 외부 요인이 목표 달성의 걸림돌이 될 수도 있다. 하지만 그렇다고 해서 프로젝트를 포기해서는 안 된다. 가능한 수단과 방법을 모두 동원한다면 분명히 성공으로 가는 길을 찾을 수 있을 것이다.

스스로 족쇄를 채우지 마라

우유부단하고 계획을 행동으로 옮기지 못하는 사람들은 기회가 찾아와도 이런저런 걱정 때문에 기회를 놓쳐버린다.

"보잘것없는 내 학벌로 가능할까?"

"인맥이 넓지 않은 내가 할 수 있을까?"

"자금이 부족한데 어떻게 하지?"

스스로 쌓은 심리적 장벽에 가로막혀 계획을 그르쳐서는 안 된다. 틀에 박힌 고정관념, 경험 등이 족쇄가 되면 자기 자신을 믿을 수 없다.

한쪽으로 치우친 정보를 함부로 믿지 마라

수많은 정보들 가운데 개인적인 사심이 섞인 거짓말이나 공격적인 유언비어들이 적지 않다. 이런 정보를 믿으면 독립적이고 객관적인 판단을 내릴 수 없다.

지나간 과거나 환상에 얽매이지 마라

과거에 얽매여 앞날을 내다보지 못하거나 환상에 빠져 현실을 똑바로 보지 못하면 기회를 놓쳐버리게 된다. 원대한 이상은 남들의 의구심이나 비웃음을 극복해야만 실현될 수 있다. 스스로 만든 울타리 안에 자신을 가둔다면 이상을 실현하는 것은 헛된 꿈일 수밖에 없다.

노력은 좌절을 이긴다

이상을 실현하기 위해 노력하다 보면 인사 문제, 자금 문제, 남들의 반대나 의심 등 여러 가지 문제들과 반드시 마주치게 된다. 좌절은 누구에게나 찾아온다. 그 시련을 견뎌내지 못하고 도태된다면 경쟁에서 승리할 수 없다.

체력을 관리하라

몸은 가장 소중한 재산이다. 지치고 피곤할 때는 중요한 결정을 내리지 않는 것이 좋다. 실수는 대부분 이런 때 나타난다.

실패를 두려워하지 마라

계획을 실행하고 이상을 실현하기 위해 노력할 때 가장 두려운 것이 바로 실패일 것이다. 실패가 두려워 망설이고 있다면 자기 자신에게 이렇게 말하자.

"평생 아무것도 이루지 못하고 살기를 원해? 실패하더라도 시도해보는 게 낫지 않아? 겁쟁이라고 손가락질 받는 것보다는 실패했지만 용감했다고 존경받는 것이 나을 거야."

아무리 예상치 못한 상황이 닥쳤다 해도 침착함을 유지하라

평소에 아무리 뛰어난 능력을 발휘했다고 해도 위기가 닥쳤을 때 벌벌 떨면서 아무것도 하지 못한다면 화려했던 명성이 흔적도 없이 사라질 것이다.

단점과 부족함에 너무 집중하지 마라

시간이 너무 오래 걸린다거나 비용이 많이 든다는 등의 작은 이유로 노력도 해보지 않고 포기해서는 안 된다. 핑계를 찾으려고 한다면 사소한 문제들이 모두 계획 실행을 가로막을 수 있다.

눈에 보이는 현실이나 가상의 현실 때문에 좌절하지 마라

사람들은 통계 수치를 맹신하는 경향이 있다. 실업자는 실업통계를 보며 "맙소사! 경제위기가 찾아오려나 봐! 취업이 힘들겠어. 나는 이제 어떻게 하지!"라며 한숨을 짓는다. 하지만 통계 수치가 현실을 전부 반영하는 것은 아니다.

한 심리학자는 "애티튜드가 팩트보다 중요하다"고 말했다. 낙관적인 마음가짐으로 부딪쳐본다면 현실이 생각만큼 어렵지 않을 수도 있다.

남의 예상을 쉽게 믿지 마라. 전문가라고 해도 마찬가지다

남들이 무심코 하는 부정적인 이야기를 믿다가 좋은 기회를 놓쳐버리는 경우가 많다. 설령 전문가의 말이라고 해도 무조건 신뢰해서는 안 된다. 남의 의견은 그저 참고로 삼을 뿐 자기만의 뚜렷한 주관을 가져야 한다.

적을 두려워하지 마라

세상의 적들을 두려워할 필요는 없다. 적들은 남이 어떻게 문제를 해결하느냐에는 관심이 없다. 그들이 관심 있는 것은 자기 자신뿐이다. 그러므로 적의 비난에 개의치 말고 자기 내면의 에너지를 기르는 것이 중요하다.

친구에게 결정권을 넘기지 마라

친구의 충고나 건의는 참고가 될 수는 있지만 자신의 일에 대한 결정권을 친구에게 넘겨서는 안 된다. 최종적인 결정은 자신 외에 그 누구도 할 수 없다.

● 환상을 현실로
만드는 과정

    계획을 실현하는 것은 집을 설계하고 짓는 것과도 같다. 아무리 멋진 집도 설계만으로는 부족하다. 직접 터를 다지고 목재와 시멘트를 가져다가 튼튼히 쌓아야만 멋진 집을 지을 수 있다. 계획을 현실로 바꿀 수 있느냐는 개인의 능력도 중요하지만 그 과정을 얼마나 적절하게 통제하고 관리하느냐가 더 중요하다. 계획 실행은 환상을 현실로 변화시키고, 정보와 사상의 에너지를 구체적인 결과로 전환시키는 과정이다.

    한 사람의 성공은 그의 지식, 정보, 경험, 분석력을 종합적으로 운용한 결과다. 충동적인 강자보다는 냉정한 약자가 성공에 더 유리한 이유가 바로 여기에 있다. 냉정한 약자는 작은 계획도 현실로 만들 줄 알지만 충동적인 강자는 계획만 거창하게 세웠다가 결과도 내지 못한 채 흐지부지 포기해 버린다.

    계획이 현실이 되기 위해서는 다음의 과정을 거쳐야 한다.

목표와 청사진을 세운다

어떤 일을 하든 사전에 목표와 청사진을 확립해야 한다. 목표와 청사진이 없으면 아무것도 이룰 수 없다. 집을 지을 때 집이 완성된 후 어떤 모습일 것이라는 조감도가 있어야 하는 것과 마찬가지다.

적절한 시기를 선택하고 관련 지식을 쌓는다

계획을 실행하기에 적절한 시기인지 판단한 후 자신이 그 일에 필요한 지식과 기술을 가지고 있는지 검토해야 한다. 다양한 정보를 수집하고 충분한 사전 준비를 하는 것은 어떤 일을 하든 반드시 필요한 과정이다.

자신감을 갖는다

계획을 실현할 수 있다는 자신감을 가져야만 내면의 에너지가 강해질 수 있다.

가치관을 수립한다

계획을 실행하면서 지켜야 하는 기본 원칙과 가치관을 세워야만 흔들림 없이 최종 목표에 다다를 수 있다.

모호한 구상을 구체적인 청사진으로 변화시킨다

처음에는 구상만 있을 뿐 관련 정보가 부족하더라도 청사진을 세워놓으면 어떤 정보가 부족하고 어떤 분야의 지식이 더 필요한

지 판단할 수 있다. 청사진에 따라 정보를 수집하고 단점을 보완한다면 자신 있게 계획을 실행할 수 있다. 완벽한 계획을 수립하면 환한 미래가 내다보일 것이다. 모든 일은 사전 준비 단계에서 이미 성패가 결정된다. 흠잡을 곳 없는 완벽한 계획을 수립했다면 이미 절반의 성공은 이룬 셈이다.

효율을 중시한다

계획을 실행할 때 가장 중요한 것이 효율이다. 계획은 구상을 현실로 옮기는 과정에 원칙과 규범을 제시함으로써 효율을 높이는 역할을 한다.

경험과 정보를 중시한다

성공한 사람들은 계획을 실행하는 동안 다양한 정보와 경험에서 교훈을 얻어 더 효과적인 방법을 도출해낸다.

계획을 수정한다

그동안 쌓은 경험과 정보에 따라 계획을 수정한다. 틀린 곳이 있다면 고치고 보완해야 할 부분이 있다면 보충한다.

처음 목표를 검토하고 수정한다

계획을 실행하면서 새롭게 알게 된 정보나 경험이 있다면 처음 목표를 검토하고 적절하게 수정할 수도 있다. 계획을 실제로 실행하면서 예기치 못한 변화가 나타나지 않았다면 구상을 현실로 전환시키는 과정을 성공적으로 수행했다고 볼 수 있다.

크든 작든 모든 일은 추상적인 구상이 구체적인 현실로 바뀌는 과정을 거친다. 계획을 얼마나 현실로 옮길 수 있는지 여부는 한 사람의 지혜와 안목, 의지력을 확인할 수 있는 기준이다.

"인내력은 단순한 마음가짐이 아닌, 성공을 위한 필수적인 능력이다."

일이 자신이 기대하는 방향으로 진전될 것이라고 굳게 믿으라. 일이 생각과 전혀 다른 방향으로 발전하더라도 그 결과를 다른 각도에서 바라보는 법을 배워야 한다. "나는 이미 최선을 다했고 충분히 잘했어. 안 그래? 다른 사람이었다면 벌써 두 손 들었을 거야." 이렇게 자신을 독려하고 어떤 결과든 가볍게 받아들여야 한다.

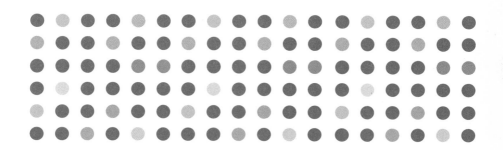

<P a r t   9>
Part 9
</P>
결정적 순간을 위한 훈련법

실행

평정심을 유지하는 훈련을 하는 것은
'감정의 노예'가 되는 것을
피하기 위함이다.

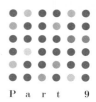
● 통제 훈련 :
자신의 마인드와 행동을 통제하라

우리가 완전히 통제할 수 있는 것은 자기 자신밖에 없다. 타인이나 세상의 일은 자기 힘으로 결코 바꿀 수 없고 예측할 수도 없지만 자기 자신을 통제하는 것은 생각을 전환하는 것만으로도 가능하다.

이 훈련의 목표는 복잡하고 예측 불가능한 상황에서 자기 자신을 효과적으로 통제하는 것이다. 자기 자신을 효과적으로 통제할 수 있다면 어떤 일이 발생했을 때 그 상황을 자신에게 유리한 방향으로 움직일 수 있다.

월스트리트 시위 통제에 참여했던 한 미국인 경찰관은 공포에 대한 자신의 반응을 통제하는 것이 시위대를 통제하는 가장 강력한 '무기'였다고 말했다. 아래 그 경찰관의 진술을 살펴보자.

'우리는 방어복을 단단히 갖춰 입었다. 경찰차가 우리를 시위 현장으로 데려다주었다. 경찰차에서 내린 우리는 천천히 뛰어가 적당한 위치를 잡고 대형을 만든 다음 무표정한 얼굴로 서서 시위대를 쳐다보았다. 성난 시위대가 우리를 보고 더욱 흥분해 고함을 외치며 달려들어 돌멩이와 유리병을 던졌다. 하지만 우리는 꼼짝도 하지 않고 손에 든 방패로 날아오는 것들을 막았다. 우리는 절대로 화내거나 슬퍼하지 않고 두려워하거나 흥분하지 않고 무표정하게 서 있는 훈련을 받았다. 우리는 이런 방식이 시위대를 진압하는 데 효과적이라는 것을 알았다. 시위대가 우리를 향해 욕을 하고 돌멩이와 유리병을 던졌지만 우리는 방패 뒤에 서서 날아오는 것들을 피하면서도 아무런 감정의 변화도 보이지 않았다. 얼마 후 시위대의 표정에 공포감이 서렸다. 시위대는 아마 이렇게 생각했을 것이다. 경찰들은 어떻게 저렇게 감정 없고 기계적일 수 있을까? 이런 상황에서 어떻게 두려움을 느끼지 않을 수 있을까? 나라면 방패를 내던지고 도망쳤을 텐데. 경찰들이 미쳤나? 우리가 시위대와의 심리전에서 승리한 것이다. 그때 진압대장이 시위대를 향해 달려가라고 명령했고, 우리가 달려 나가자 겁에 질린 시위대는 대열을 지키지 못하고 뿔뿔이 흩어졌다. 우리가 한 일은 그저 정신을 집중해 자신의 감정을 통제하는 것뿐이었다. 이성을 잃은 시위대를 억지로 제압하려고 하지 않았다. 우리가 감정의 동요를 일으키지 않는다면 시위대의 감정을 제압할 수 있음을 알고 있었기 때문이다.'

경찰들은 훨훨 타오르는 불길 앞에서 찬물 한 양동이를 들고 있었을 뿐이다. 그들 역시 두려웠겠지만 자신의 감정을 억눌러야만 시위대와의 심리전에서 승리하고 시위를 진압할 수 있음을 알고 있었다. 경찰들이 훈련을 받지 않았더라면 충동적으로 시위대를 향해 공포탄이나 최루탄을 발포해 시위대의 분노를 부추겼을 것이다. 하지만 엄격한 훈련을 받은 그들은 무표정함과 냉정함으로 시위대를 제압했다.

이처럼 타인의 반응은 통제할 수 없지만 자신의 행동은 통제할 수 있다. 다음은 자신의 감정과 행동을 통제하기 위해 스스로 훈련할 수 있는 방법이다.

자세를 훈련한다

걷거나 서거나 앉아 있을 때 바른 자세를 유지하면 저절로 자신감이 생긴다. 자세 훈련은 매일 아침, 저녁으로 10분씩 실시한다. 바른 자세를 유지하면 저절로 바른 행동을 하려는 의식이 생겨나고 의지력이 강해진다.

눈빛을 훈련한다

남과 대화할 때 반드시 상대의 눈을 바라보아야 한다. 이렇게 하면 문제를 회피하지 않고 적극적으로 해결하는 습관이 길러질 것이다. 문제를 의식적으로 회피하는 것은 오히려 내면의 두려움을 드러낼 뿐이다.

호흡을 훈련한다

매일 최소한 세 번 3분씩 심호흡하는 훈련을 해야 한다. 심호흡은 대뇌에 산소를 공급해 판단력을 높인다. 호흡이 빠르고 대뇌에 산소가 부족한 상황에서는 잘못된 판단을 내리기 쉽다.

표현을 훈련한다

대화를 나눌 때 자신의 생각을 조리 있게 표현해야 한다. 너무 급하거나 느린 말투는 피하는 것이 좋다. 매일 거울 앞에서 말하는 연습을 하는 것도 좋은 방법이다.

부적절한 감정을 조절하는 훈련을 한다

갑작스러운 날씨 변화로 컨디션이 안 좋아지기도 하고 일이 바라는 대로 되지 않으면 화가 나거나 좌절해 비이성적인 행동을 하기도 한다. 이처럼 부적절한 감정이 나타난다면 우선 자신에게 문제가 있는지 곰곰이 반성해보고 자신의 득실에 연연하지 않고 일의 전개 과정을 즐기려고 노력해야 한다.

이 훈련의 효과는 장기적이고 강력하다. 꾸준히 훈련하면 두려움과 소극적인 마음을 억누를 수 있으며, 설령 두려움과 긴장을 느끼더라도 그것들을 억누르고 강한 적응력을 발휘할 수 있다는 자신감이 생길 것이다.

● 평형 훈련 :
분노 해결하기

분노는 어떠한 상황에서도 도움이 되지 않는다. 그러나 분노를 참는 것은 쉬운 일이 아니다. 누구나 가슴속에서 타오르는 불덩어리를 내뱉고 싶은 충동이 들기 마련이다. 분노를 억지로 누그러뜨리는 것도 현명한 방법이 아니며 적절히 해소할 수 있는 방법을 찾아야 한다.

분노를 해소하고 감정의 균형을 유지할 수 있는 자기만의 방법이 반드시 필요하다.

예전에 베이징에서 열린 한 경제계 모임에 참석했다가 저녁식사를 마치고 호텔로 돌아가는데 같은 차에 타고 있던 한 여성 기업가가 갑자기 차를 세워달라고 하더니 차에서 내려 하늘을 향해 2분간 크게 소리를 지르는 것이었다.

함께 차에 탔던 사람들은 놀라서 어리둥절했지만 나는 그녀가 왜 그런 행동을 하는지 짐작할 수 있었다. 그것은 우울함과 분노를 발산하는 그녀만의 방법이었다. 공식적인 자리에서는 자신의 감정을 통제했다가 감정을 표출해도 무방한 상황이 되자 억눌렀던 감정을 발산한 것이다.

다음은 분노를 해소할 수 있는 몇 가지 방법이다.

첫째, 자신이 '무엇 때문에' 화가 나는지 생각해보라.

가끔은 화를 참기 힘들 때도 있다. 중요한 것은 화가 날 때 그 다음에 어떻게 행동할 것인가 하는 문제다. 화가 날 때는 대부분 충동적으로 행동하게 되지만 충동적인 행동 때문에 수습하기 어려운 상황이 되곤 한다.

우선 화가 난 이유가 무엇인지, 자신의 궁극적인 목적이 무엇인지 생각하고 자신이 진정으로 원하는 것이 무엇인지 이성적으로 판단해야 한다.

둘째, 자신이 원하는 것이 무엇인지 생각해보라.

스스로 마음을 치유할 수 있는 방법을 찾아야 한다. 최종 목표를 다시 한 번 되새기는 것도 좋은 방법이다. 먼저 화가 난 이유를 생각해보고 똑같은 일이 재연되지 않도록 하려면 어떻게 해야 하는지, 똑같은 일이 재차 발생했다면 어떻게 마음을 다스릴 것인지 생각해야 한다. 평소에 이런 훈련을 꾸준히 한다고 해서 화날 일이 생기지 않는 것은 아니다. 친구에게 배신당하거나 고객에게 속거나 물건을 도둑맞았을 때, 평온한 마음을 유지하는 것은 쉽지 않지만 분노를 최대한 억누르고 이성적인 결정을 내리도록 노력해야 한다.

셋째, 긍정적인 방식으로 분노를 해소하라. 아래 긍정적인 방식의 분노 해소법을 소개한다.

1. 자신을 화나게 한 상대가 예전에 자신에게 도움을 주었던 일을 생각해본다.
2. 작은 일에 예민하게 반응하기 전에 먼저 자신에게 "화를 낼 만큼 심각한 일인가?"라고 질문을 던진다.
3. 이런 일이 왜 일어났는지 생각해보고 자신의 책임을 찾는다.
4. 어떻게 하면 일을 좋은 방향으로 해결할 수 있는지, 또 어떤 교훈을 얻을 수 있는지 생각한다.
5. 남들과 중요한 문제에 대해 이야기를 나눌 때는 미리 산책을 하며 마음을 차분하게 가라앉힌다.
6. 멀리 내다보고 최종 목표를 분명하게 세운 후 가슴속 분노를 해소할 수 있는 방법을 생각한다.
7. 어떻게 하면 일을 더 좋은 방향으로 변화시킬지 생각한다.
8. 인내는 윈윈(win-win)전략이라고 생각하고 어떤 일이 일어나든 경쟁자까지 포용한다.
9. 어떤 일이 닥치든 조급해 하지 말고 충분한 사전 준비를 거쳐 일을 처리한다.
10. 미소가 습관이 될 수 있도록 최대한 미소 짓는 표정을 유지한다.
11. 남에게 우호적으로 대하는 것을 원칙으로 삼는다.

12. 자신을 사랑하고 자기 실수를 이해한다.

13. 비관적인 생각보다는 즐거운 상상을 많이 한다.

14. 도저히 받아들일 수 없을 때는 잠시 물러나 휴식을 취한다.

15. 자신의 반응을 예상할 수 있는 능력을 길러야만 자신을 변화
    시킬 수 있다.

이런 방법들을 토대로 자기만의 훈련 계획을 세워 날마다 실천
한다면 쉽게 화를 내지 않게 되고, 이전보다 더 행복한 삶을 살 수
있게 될 것이다.

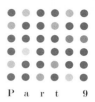
● 스트레스 저항 훈련 :
감당 능력과 기획력 높이기

사회생활이나 일상생활에서나 늘 마주치는 스트레스가 있다. 스트레스를 완벽히 피할 수 있는 사람은 아무도 없을 것이다. 이런 스트레스에도 저항하는 방법이 있다.

첫째, '나쁜 상상'을 끄집어낸다.

나쁜 상상을 회피하지 말라. 아무것도 쓰여 있지 않은 카드를 여러 장 준비해 무섭고 긴장되는 여러 가지 장면들을 약한 것부터 순서대로 각각의 카드에 적어본다.

둘째, 긴장을 이완시키는 훈련을 한다.

편한 자세로 소파에 앉아 심호흡을 하며 마음을 편하게 가라앉힌 다음, 첫 번째 카드에 적어놓은 상황을 상상한다. 자신이 그 상황에 처해 있는 것처럼 최대한 사실적으로 상상한다.

셋째, 심호흡과 불안한 상태를 반복해가며 훈련한다.

나쁜 상황을 상상하면서 마음이 불안하고 두렵고 긴장이 된다면 잠시 멈추고 심호흡을 통해 감정을 이완시킨다. 마음이 평온해지면 다시 카드에 적힌 상황을 떠올린다. 이런 과정이 몇 번 반복되면 카드에 적힌 상황을 떠올려도 더 이상 불안과 긴장을 느끼지 않게 될 것이다. "이 정도쯤이야. 별거 아니지!" 이런 생각이 든다면 그 상황에 더 이상 스트레스를 받지 않게 될 것이다.

넷째, 새로운 상상을 시작한다.

다음 카드도 같은 방법으로 훈련해 불안감을 없앤다. 모든 카드를 이런 식으로 훈련하면 카드에 적힌 상황들이 대수롭지 않게 여겨질 것이다.

다섯째, 공포를 떨쳐내는 훈련을 한다.

이 훈련의 목적은 마음속 공포를 떨쳐내고 스트레스를 두려워하지 않도록 하는 것이다. 두려움이 사라지면 스트레스도 자연히 사라질 것이다.

다음으로 스트레스를 줄이면서, 인생을 전반적으로 효과적으로 계획하는 데 도움이 되는 훈련법을 소개한다.

첫째, 전체적인 계획을 세워라.

일 전체를 관리하면서 내면의 평정심을 유지할 수 있다면 그것만으로도 효과적으로 스트레스를 줄일 수 있다. 자신이 직면한 상황을 수동적으로 받아들이는 것이 아니라 선택적으로 수용할 수 있기 때문이다. 일의 중요도에 따라 스스로 순서를 정하고 전체적인 계획을 수립한다면 스트레스가 줄어들고 복잡한 문제들도 단순해진다.

둘째, 어려운 문제가 닥쳤다면 되도록 일찍 털어놓아라.

현명한 사람들은 어려운 문제 앞에서 당혹감을 느낄 때 자기 힘으로 해결할 수 없다면 솔직하게 친구에게 도움을 청한다. 마음속 스트레스를 밖으로 발산하는 것만으로도 스트레스가 해소될 수 있다. 타인에 대한 도움 요청은 스트레스를 발산하는 방법이기도 하다. 또 친구로부터 유용한 조언을 얻을 수도 있다.

셋째, 어떤 일이 닥치든 낙관적인 마인드를 유지한다.

일이 자신이 기대하는 방향으로 진전될 것이라고 굳게 믿으라. 일이 생각과 전혀 다른 방향으로 발전하더라도 그 결과를 다른 각도에서 바라보는 법을 배워야 한다. "나는 이미 최선을 다했고 충분히 잘했어. 안 그래? 다른 사람이었다면 벌써 두 손 들었을 거야." 이렇게 자신을 독려하고 어떤 결과든 가볍게 받아들여야 한다. 아무리 힘든 도전이라도 낙관적인 생각을 가지고 가장 좋은 결과를 상상한다면 스트레스를 줄이고 적극적으로 문제를 해결하는 데 도움이 될 것이다.

넷째, 어떤 일이든 불필요하게 시간을 끌거나 뒤로 미루지 말라.

오늘 끝낼 수 있는 일을 내일로 미루지 말고 당장 끝낼 수 있는 일을 몇 시간 뒤로 미루어서는 안 된다. 그런데 이것이 좋은 습관이기는 하지만 실천하기가 어렵다. 어려운 일 때문이 아니라 보류하고 미루어놓은 일들이 너무 많기 때문에 심리적으로 스트레스를 받는 경우가 종종 있다.

"5분 내에 이 일을 끝내지 않으면 일이 꼬여버리고 말 거야!"라고 자기 자신에게 최후통첩을 내리는 것도 좋은 방법이다. 일을 제때 끝내지 못해 문제가 발생했다면 그 책임은 오롯이 자신이 져야 한다. 해야 할 일이 앞에 놓여 있다면 과감하고 신속하게 일을 처리해야 한다.

다섯째, '분배와 관리'의 능력을 길러라.

일을 남들에게 배분하고 일을 맡은 사람들을 관리하는 능력을 길러야 한다. 혼자서 모든 일을 도맡아 처리하려고 한다면 스트레스도 클 뿐 아니라 일을 완성하지 못했을 때 모든 책임을 혼자서 짊어져야 한다. 동료나 상사, 고객들과 부담을 나누고 지혜를 모아 일을 처리한다면 스트레스가 크게 줄어들 것이다.

여섯째, 매일 심호흡을 한다.

자주 심호흡을 하는 것이 건강에 좋다는 것은 잘 알려진 사실이다. 심호흡을 하는 것만으로도 스트레스가 크게 줄어들 수 있다.

심호흡 훈련을 할 때는 먼저 등을 곧게 펴고 어깨에 힘을 뺀 뒤 코를 통해 공기를 폐까지 깊이 들이마신다. 그런 다음 정신을 집중하고 산소가 몸속 세포 구석구석으로 들어가는 것을 느낀 후에 숨을 크게 내쉰다.

심호흡을 하는 동안 몸속에 있는 모든 스트레스가 밖으로 빠져나가는 상상을 한다. 심호흡은 산소를 보충하는 효과뿐 아니라 나쁜 감정을 내보내는 효과도 있다. 심호흡을 할 때마다 점점 건강해지고, 건강해질수록 기분이 유쾌해질 것이다.

일곱째, 밝은 미래를 상상하라.

어려운 일을 처음 시작할 때 일이 모두 해결된 뒤의 밝은 미래를 상상한다. "한 달 후면 문제가 다 해결돼 고민이 사라질 거야", "지금은 힘들지만 몇 주만 지나면 성공의 달콤한 열매를 맛볼 수 있을 거야"라고 자기 최면을 건다. 이렇게 생각하면 어렵게만 느껴졌던 일이 그리 힘들지 않다는 것을 알게 되고 스트레스도 자연히 해소될 것이다.

여덟째, 가끔은 "No!"라고 말해야 한다.

자기 능력으로 절대로 할 수 없는 일을 억지로 한다면 극심한 스트레스에 시달리게 된다. 그러므로 때로는 "해보겠습니다", "할 수 있습니다" 대신 "하지 않겠습니다", "할 수 없습니다"라고 말해야 할 필요가 있다.

완곡한 거절에는 용기가 필요하지만 때로는 가장 현명한 선택이기도 하다. 남의 요청을 거절할 때 반드시 이유를 분명하게 밝혀야 할 필요는 없다. "도와주고 싶지만 다른 일이 있어서 어렵겠습니다. 미안합니다"라고 짧게 말하는 것만으로도 충분하다.

아홉째, 자신에게 적합한 취미 활동을 찾아라.

취미 활동을 통해 스트레스를 줄일 수 있다. 이것은 아주 간단하지만 중요한 일이다. 그런데 피로를 더 가중시키는 취미를 즐기는 사람들이 있다. 바쁜 업무를 마치고 귀가한 후 음악을 들으며 뜨거운 물로 목욕을 하고 잠을 청한다면 스트레스가 풀리겠지만 온라인게임을 하거나 밤새워 영화를 본다면 오히려 피로가 가중될 것이다.

틈틈이 시간을 내서 업무와 무관하지만 꼭 하고 싶은 일을 하는 것은 스트레스를 줄일 수 있는 효과적인 방법이다. 골프, 음악, 연극, 여행, 아니면 30분 동안의 짧은 실내운동이라도 좋은 취미 활동이 될 수 있다. 이것은 스트레스를 줄이는 방법이자 인생 계획의 일부분이다.

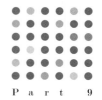

● 마인드 훈련 :
담담함 단련하기

    긍정적인 생각이든 부정적인 생각이든 모두 정상적인 심리반응이다. 사람의 감정은 기복이 심해서 수시로 바뀐다. 아무리 성인군자라도 감정의 변화는 피할 수 없다. 평정심을 유지하는 훈련을 하는 것은 '감정의 노예'가 되는 것을 피하기 위함이다. 부정적인 감정에 휘둘려 이성적으로 사고하지 못한다면 감정의 노예가 될 수밖에 없다.

    주의를 다른 곳으로 돌린다.

    어떤 일을 앞두고 갑자기 긴장감이 커진다면 어떻게 해야 할까? 긴장감을 억누르는 것보다는 다른 일을 생각해 주의력을 분산시키는 것이 좋다. 영화, 음악, 바둑, 산책 등으로 주의력을 분산시킬 수 있다. 이런 것이 불가능한 상황이라면 책을 읽는 것도 좋은 방법이다. 긴장하지 않고 담담함을 유지할 수 있는 마인드 훈련법을 소개한다.

부정적인 생각은 빨리 털어버린다

불쾌한 일을 마음에 오래 담아두는 것은 좋지 않다. 불쾌한 감정을 떨칠 수 없다면 친한 친구나 가족에게 털어놓고 이야기를 나누어도 좋다. 내면의 우울감을 밖으로 발산시키면 평정심을 회복할 수 있다. 주의해야 할 것은 상대를 잘 골라야 한다는 점이다. 상대를 잘못 고른다면 오히려 난감한 상황에 봉착할 수도 있다.

함부로 말하지 않는다

감정이 격앙되어 있을 때는 말조심을 해야 한다. 흥분한 상태에서 함부로 이야기를 했다가는 큰 실수를 저지를 수 있다.

자기 암시를 한다

자기 암시는 흥분하지 말라고 자신을 다독이고 설득할 수 있는 이유를 찾는 방법이다. 어려운 상황이 닥쳤을 때 자기 자신에게 "아무것도 아니야"라고 말하며 감정이 격앙되지 않도록 하는 것이다. 가령 휴대폰을 잃어버린 후 자책감이 든다면 "버스 안이 너무 붐볐어. 누구라도 소매치기를 피할 수 없었을 거야"라고 스스로에게 말한다. 이렇게 하면 휴대폰을 잃어버린 게 자기 잘못이 아니라는 생각이 들게 될 것이다.

즐거웠던 추억을 떠올린다

매일 같은 시간에 즐거웠던 추억, 특히 과거에 자랑스럽고 자부심을 느꼈던 일을 떠올린다. 이렇게 가면 성공에 수반되는 희열과 만족감을 느낄 수 있기 때문에 자신이 처한 어려운 상황을 낙관적으로 받아들일 수 있다.

환경을 바꾼다

사람은 환경의 영향을 많이 받는다. 그러므로 감정이 격양되어 있음을 느낀다면 그 원인이 되는 환경이나 사람과 잠시 떨어져서 다른 환경으로 옮겨가는 것이 좋다. 새로운 환경에 둘러싸이면 감정을 격앙시킨 일이나 상황을 잊어버리게 될 것이다.

유머를 생활화한다

유머를 생활화하면 자조를 통해 감정이 격앙되는 것을 피하고 불쾌한 감정을 해소할 수 있다. 유머러스한 이야기로 긴장된 분위기를 부드럽게 만들 수 있지만 그보다는 자기 내면의 평정심을 유지할 수 있다는 점이 훨씬 더 중요하다.

나는 왜 결정적 순간에 포기하는가

초판 1쇄 | 2014년 12월 10일

지은이 | 쑤치
옮긴이 | 허유영

발행인 | 노재현
편집장 | 서금선
책임편집 | 조한별
마케팅 | 김동현 김용호 이진규
제작지원 | 김훈일
디자인 | twoesdesign

펴낸곳 | 중앙북스(주)
등록 | 2007년 2월 13일 제 2-4561호
주소 | 서울특별시 중구 서소문로 100 3층(서소문동) (우)100-814

구입문의 | 1588-0950
내용문의 | (02)2031-1354
팩스 | (02)2031-1399
홈페이지 www.joongangbooks.co.kr
페이스북 www.facebook.com/hellojbooks

ISBN 978-89-278-0598-4 (03320)